历史上的李莲英

纪连海 著

中国出版集团公司
中国民主法制出版社
全国百佳图书出版单位

图书在版编目（CIP）数据

历史上的李连英/纪连海著．—2版．—北京：中国民主法制出版社，2017．11

ISBN 978-7-5162-1681-1

Ⅰ．①历…　Ⅱ．①纪…　Ⅲ．①李连英（1848—1911）—传记　Ⅳ．①K827=52

中国版本图书馆CIP数据核字（2017）第275625号

图书出品人：刘海涛
出 版 统 筹：赵卜慧
责 任 编 辑：刘海涛　陈棣芳

书名/ 历史上的李连英
LISHISHANGDELILIANYING
作者/ 纪连海　著

出版 · 发行/ 中国民主法制出版社
地址/ 北京市丰台区右安门外玉林里7号（100069）
电话/（010）63055259（总编室）　63057714（发行部）
传真/（010）63056975　63056983
http:// www.npcpub.com
E-mail：mzfz@npcpub.com
经销/ 新华书店
开本/ 16开　710毫米×1000毫米
印张/ 11.5　**字数**/ 165千字
版本/ 2018年1月第2版　2018年1月第1次印刷
印刷/ 北京中兴印刷有限公司

书号/ ISBN 978-7-5162-1681-1
定价/ 40.00元

再版说明

2006年，纪连海老师在中央电视台《百家讲坛》栏目所做的一系列讲演（《正说和珅》《正说刘墉》《正说纪晓岚》《正说多尔衮》）获得了极大的成功，社会反响强烈。有鉴于此，我社及时将纪老师的讲演稿整理成书稿并予以出版。该套图书一经问世，便得到了广大读者的喜爱，图书多次加印，广受好评。

图书首版时，因时间仓促，书中难免存在一些讹误，此次再版，我们做了一些修订。修订的重点集中于文中所引用的一些历史文献（如《清实录》《清史稿》）及清人著作（如《嘉乐堂诗集》《阅微草堂笔记》）中的错误。

再版工作得到了纪连海老师的鼎力支持，在此我们表示衷心的感谢。因水平所限，此次修订工作难免会有不足之处，敬请读者批评指正，并借此机会向关心和支持出版社工作的广大读者和各界人士致以诚挚的谢意！

中国民主法制出版社

2017年10月

代序 做个太监也不容易

我的这本《历史上的李连英》，与广大的读者朋友们见面了。

（一）自己写序的由来

既然是自己辛辛苦苦研究的一点心得，印成了铅字，总得在这本书前面写点什么，作为序言之类。比如我的《历史上的和珅》，就找了恭亲王奕䜣的后代爱新觉罗·恒钺先生作序；《历史上的刘墉》，就找了刘墉的后代刘士杰先生作序；而我的《说孝庄》《说康熙》《说雍正》三本书，就找了上海电视台的汪求实总编作序。

三个人，三种代表：

爱新觉罗·恒钺先生，文化界的名人——他本人是名人之后，他还是著名的编剧、画家、书法家等等。找他作序，是为了提高我的书的品位——我借人家的光的意思。

刘士杰先生，真正的名人之后，是我作品中主角的后代，我找他写序，还有让后代首肯我的作品的意思在内。

汪求实总编，我在上海电视台的节目就属他管辖，在这点上，应该说，他是我的上级。

一般写序，都是找上述三类人物中的一个或几个。

可是，我的这本《历史上的李连英》，找谁作序呢？

我可犯了难了。

为什么会犯难呢？

您想啊，我这本书，写的是一个太监；更为重要的是，这个太监，还是当今中国社会公认的一个反派角色；比这更为重要的是，我写的这本书呢，还觉得人家这个太监活得也挺不容易的。

虽然我在这本书里，没有给李连英完全翻案的意思，可是一时半会儿的，谁能够轻易同意我的观点啊？

即使有些老先生能够同意我的观点——比如说毛佩琦老师吧，咱为自己写的书推销，还要拉上人家，多不合适啊。

我和毛佩琦老师，可以说是忘年交了，可是，我的这本书，要找人家写序，就不合适了。

为什么说不合适呢？

您想啊，人家毛佩琦老师，多忙的一个人啊，咱们让人家写序，占用人家的时间不说，万一要是遇到挨骂的事呢，还要损害人家的名声，这多不合适啊，您说是不是？

所以，算了吧，还是自己给自己的书写序吧。

（二）“阉人”、“宦官”与“太监”

说到这里，我们就有两个词需要区分一下：“宦官”与“太监”。

通常，我们认为“宦官”就是“太监”，也有的人说，干这个工作的，在元朝以前叫做“宦官”，明清两朝及其以后就叫做“太监”。

其实，这是一种误解。

太监是太监，太监可以是宦官，但是宦官不一定是太监。

如何区分“宦官”与“太监”呢？

这里，我们就要引入一个新的词汇——“阉人”，来暂且替代他们一下。

“阉人”作为中国古代皇位世袭制——“家天下”的产物，早已为人们所熟悉，但很多人却对“阉人”、“宦官”与“太监”三者不能完全分清楚——甭说您分不清楚了，就连《辞源》也不见得能够解释得正确。

《辞源》把“宦者”解释为太监、阉人，把“宦官”解释为宫内侍奉官，就完全属于曲解历史。

其实，阉人、宦官和太监虽说都是供内宫驱使、受阉割的男人，但三者之间还是有着严格区别的。

东汉之前(不含东汉)的“宦官”是专指供侍于内宫之人，其中既有阉人，也有士人。根据《后汉书·宦者列传》记载，东汉时，由于“宦官悉用阉人，不复杂调它士”，这时“阉人”才与“宦官”等同起来。

《辞源》中把“太监”解释为“在宫内侍奉皇帝及其家族的官”，这一点是很正确的，但紧随其后又说“自此，太监遂成为宦官的专称”一句，这就出现了很明显的错误。

我们要注意的是，“太监”一词最早出现在辽代，是辽代政权机构中的官员称谓之一。辽代的太府监、少府监、秘书监等设有太监。元代因袭辽制，所设各监也都有太监。但有一点，却是应该引起我们足够重视的：元代的太监，并非尽是刑余之人。

到了明代，“太监”和“宦官”有了较固定的关系。充当“太监”者必是“宦官”，但“宦官”并不都是“太监”。“太监”是“宦官”的上司，是具有一定品级和地位的高级“宦官”——换句话说，“太监”是“在宫内侍奉皇帝及其家族”的“官”，不是一般的“阉人”“宦官”。

可见，在东汉以前，“阉人”和“宦官”还不是一样的概念，东汉以后，两个概念合流。而“太监”本来应该是明朝时期宫内“阉人”和“宦官”的首领。

“太监”成为“宦官”的专称是从清代开始的。因为清代将侍奉皇帝和皇族的“宦官”都冠以“太监”之称，故此，“宦官”与“太监”便混为一谈了。

到了民国以后，“宦官”也好，“太监”也罢，都通通成为了历史，我们才逐渐分不清楚什么是“宦官”，什么是“太监”了。

不过，话说到这里，我们就知道了下面一点：我在本书中讲到的李连英，那肯定既是“宦官”，也是“太监”。这，就行了。

（三）做个太监也不容易

说到这里，我们终于该引入序言的正题了——做个太监也不容易。

我真觉得，做个太监也挺不容易的。

您想啊，做太监的第一个不容易就是容易被人看不起。

“六根不全”的太监们，一个个地走在大街之上，我们都会很容易地认出来——他们面不生明须，喉头无突，声音变细，说话女声女气，举止动作似女非男，典型的“中性人”，用中国明末清初的思想家、政论家唐甄在《潜书》中的话说，“望之不似人身，相之不似人面，听之不似人声，察之不近人情”。

听听，多么难听的话啊！

做太监的第二个不容易就是非常不容易成功。

您以为当了太监，就一定能够成功？就一定能够“多年的媳妇熬成婆”啦？笑话！哪里有那么容易的事啊？

当太监能够成功的——不管是正面的成功，如造纸术的改进者蔡伦和大航海家郑和，还是反面的成功，如魏忠贤，还是说不清楚成功与否的如唐玄宗手下的高力士等，都算在内，我们计算一下成功率，也就是万里选一吧。

您想啊，中国五千年文明史上，当过宦官的人，我们要是用数字说的话，至少也应该有上千万吧？可能够在历史上留下姓名的能有上千个么？

别的朝代不说，单说这个清朝，比较容易能够被我们记住的也就是安得海、李连英和“小德张”等少得可怜的四五个人吧——这少得可怜的四五个人，还要拜我们现在众多的清宫影视剧所赐！

做太监的第三个不容易就是“断子绝孙”！

做太监，先要“去势”。“去势”，也被称为“净身”——也就是割掉男人生殖器。这“去势”，咱们还先把这手术中的受罪放在一边，这个手术之后，那可就真的“断子绝孙”啦——您想啊，谁家的父母，要是不到没有办法活下去的地步，会让自己的孩子走上这条“断子绝孙”的路啊？

所以，从这个角度说，做太监的，都是苦出身。

说了这么多的不容易，我们便知道，人家李连英能够混出来，能够在当时被尊重，在如今，还能够被广大的影视剧工作者屡屡地惦记着，那得多么地不容易吧！

您想想，这年头，谁都渴望成功。可成功，哪能那么容易做到啊？

话说回来了，我们正常人都不容易做到的事，人家一个太监，他愣是成功了！

真是怪了事了！

我们的问题在于，李连英，他是怎么走向成功的呢？

看了我的这本《历史上的李连英》，或许对您有点启发。

是为序。

纪连海

2008 年 2 月 11 日

目录

楔子 历史上的李连英

从今天开始，我们要讲到的人物是一个太监——李连英。

李连英，什么人呢？说到中国古代宦官专权的情况，我们都知道，主要是侧重于东汉、唐、明三朝，而其他的朝代则好得多——尤其是大清王朝，解决得可以说是最好了。大清王朝基本上没有出现过宦官专权的情况——当然，除了这个李连英之外。您想想，这样一个人物，是不是非常特殊？

另外，需要说明的是，李连英几乎见证了他那个时代所有的事情。他经过的、见过的事情太多了——从某种程度上说，李连英经过的、见过的不但比其他所有的大臣要多，甚至比皇帝、比慈禧太后——慈禧老佛爷还要多。正常人家的孩子，谁愿意当太监呢？而在大清王朝接近三百年的历史上，有成千上万个太监，都没有留下姓名，都没有成什么气候——好不容易有个安得海，还年纪轻轻的就死掉了，完全没有办法跟我们现在要讲的李连英相比。怎么单单这李连英就成了那么大的气候呢？这难道不值得我们研究、不值得我们思考吗？

第一讲 李连英和他所处的时代

1. 从慈禧赐"福"说开去

说到李连英，第一个问题就是他的姓名。别小看了，这还真的是一个问题。我们先讲一个故事。这个故事刊登在2007年1月10日的《北京日报》上面。

故事的开头是由于慈禧太后给著名的京剧武生杨小楼写的一个多了一点的错字——"福"字引起的。

慈禧太后给著名的京剧武生杨小楼写字的故事，很多朋友都是知道的。故事说的是慈禧太后特别喜欢听京剧，也就常赏赐那些唱念做打俱佳的艺人一点东西。有一次，慈禧太后看完著名演员杨小楼的戏后，把他召到眼前，指着满桌子的糕点说："这些都赐给你，带回去吧！"

走南闯北、善于察言观色的杨小楼看到今天慈禧太后老佛爷的心情还不错，于是心里面想，早就听说太后老佛爷写的“福”字不错，何不趁机讨要一幅字呢？杨小楼心里面是这么想的，于是乎他一边叩头谢恩，一边壮着胆子说：“叩谢老佛爷，这些贵重之物，奴才不敢领，请……另外恩赐点……”

“要什么？”看来，今天慈禧太后老佛爷的心情还真是不错，居然没有发怒。

这个时候的杨小楼又叩头说：“老佛爷洪福齐天，不知可否赐个‘福’字给奴才。”慈禧太后老佛爷听了，一时高兴，便让太监捧来笔墨纸砚，举笔一挥，就写了一个“福”字。

站在一旁的小王爷，看了看太后老佛爷写的字，悄悄地说：“福字是‘示’字旁，不是‘衣’字旁！”杨小楼一看，心想这字写错了，若拿回去必遭人议论，岂非欺君之罪？不拿回去也不好，慈禧太后一怒就要自己的命。要也不是，不要也不是，他急得直冒冷汗。

气氛一下子紧张起来，慈禧太后也觉得挺不好意思，既不想让杨小楼拿走错字，又不好意思再要过来。

旁边的李连英脑子一动，笑呵呵地说：“老佛爷之福，比世上任何人都要多出一‘点’呀！”杨小楼一听，脑筋转过弯来，连忙叩首道：“老佛爷福多，这万人之上之福，奴才怎么敢领呢！”慈禧太后正为下不了台而发愁，听这么一说，急忙顺水推舟，笑着说：“好吧，隔天再赐你吧。”就这样，李连英为二人解脱了窘境。

上面这个故事本来的意思呢，是要夸奖李连英机灵、嘴巧，常常为慈禧太后打圆场，可也分析了李连英为什么会讨得慈禧太后老佛爷的欢心。

2. 李连英的姓名问题

但是，问题就出现了，这个故事的作者，一位笔名叫愕然的老先生，在 2001 年夏的一天，为了写这篇名为《慈禧赐“福”》的文章，遇到一个难题：清代大内总管是“李莲英”还是“李连英”？为一个草字头，他急忙翻查

1989 年上海辞书出版社出版的缩印本《辞海》第 1429 页上的“李莲英”词条。

这个词条显示了下面内容 :

李莲英（1848—1911 年）清末宦官。直隶河间（今属河北）人。绰号皮硝李。初为私贩，被捕入狱。释后改业补鞋。咸丰时自阉入宫。性机警，善伺人意。以善梳新髻得慈禧太后宠信，由梳头房太监擢升总管太监。后又赐二品顶戴。在宫五十余年，怙势弄权，卖官鬻爵，广植私党，干预朝政，内自军机，外至督抚，多与之结纳……

于是乎，这位老先生，就轻易地相信了《辞海》，将“李连英”写作“李莲英”：

“太后书毕，正踌躇满志，站立一旁的阿哥小声说：‘福字不是衣旁呀！’太后闻言一看，果然多了一点。这时，李莲英表现出了独到的阿谀逢迎的功夫 :‘老佛爷的福气，当然要比世人多一点嘛。’”

结果，他的文章在某刊发表了，“李莲英”三字赫然见诸文章中。随后，他又看了一些清宫影视剧，演职员表中也都是赫然书为“李莲英”。于是乎，他深信晚清大内总管是“李莲英”而非“李连英”。

几年后，这位老先生，又读了 2006 年 12 月《北京晚报》上的一篇文章《书到用时》，文章是《北京晚报》副刊主编霍达先生写的，文章说到了下面的一段话 :

“再比如，写《补天裂》时遇到的一个问题：晚清大内总管是‘李莲英’还是‘李连英’？为了一个草字头，又翻遍故纸堆，一直查到李连英的墓碑碑文，终于确信没有这个草字头。”

这位老先生，看到了这里，才感觉到，困惑了他数年的晚清大内总管“李连英”的名字问题才得以解开。

我看了这篇文章之后，也是深受感动，我也是看了这篇文章之后才知道“李连英”的“连”究竟怎么写。看来，霍达先生不但是《慈禧赐“福”》的作者的一字之师，也是包括我在内的很多人的一字之师！每个人都应该有霍先生的治学精神！

有的朋友说了，那这个碑到底在哪里啊？这个呀？我们必须得等到最后一讲才能跟朋友们详细说明了——不是我卖关子呀，而是必须要等到后面再说。

不过，看了1989年上海辞书出版社出版的缩印本《辞海》第1429页上的“李莲英”词条，还有很多值得我们商榷的问题，这就需要我们在以后慢慢道来了。

好了，到现在，关于李连英的名字问题，我们似乎已经弄清楚了——实际上，离弄清楚还远着呢。现在，我们就该了解一下他的家庭了：好好的人家，为什么非得要让孩子走上这条道路不可呢？难道真的是因为干了这行容易成功吗？

3. 李家迁到了河间府

清代末年，现在北京的郊区，京南一带的河北省地区，安徽省的庐江、无为、和县、含山、巢湖，还有山东省的乐陵，都是出太监的地方。太监都是穷苦人出身，被生活所迫，指望把孩子送进宫里，有条活路，将来也得些好处。

根据族谱记载，李家的祖籍是山东省青州府齐河县（今山东省德州市齐河县）。大明永乐年间，青州大旱，李家逃荒到了直隶河间府（大部在今河北省沧州市境内，少部在今河北省廊坊市境内）。

说起这个直隶河间府啊，那历史可就悠久了。

这里，地势非常平坦，属于华北平原的腹地；这里，沃野千里，河流密布，道路宽广，是京畿通往东南地区的门户；这里，东临渤海，西依太行，南控齐鲁，北锁京津。

西汉的时候就在这里建立了河间国。公元前198年春，刘邦之子代王刘如意徙封赵王。此后一代又一代的赵王先后离奇般地死亡，使赵王这个名字成为了一个厄运的代名词。公元前178年，文帝除了封自己的同胞兄弟刘友的长子刘遂袭封赵王外，还从赵地辟出乐城（今献县）、弓高（今阜城）、侯井（今东光）、武隧（今武强）等四城为河间国，封刘友的少子刘辟疆为河间王。于是在当时的地图上就出现了一个全新的国家。由于这里处于易水和黄河之间,因此这个国家就叫做河间国。历史上的第一个河间国出现了。

不过，我们应该注意的是，这时候的河间国仅仅是个小侯国，用我们今天的话来说是个二级诸侯国。汉家同姓七大诸侯，也就是太子之外的刘邦的另外七个儿子，封齐、赵、代、梁、燕、淮阳、淮南，其余类似常山、清河、济川、山阳、河间等众多小国，均诸侯子弟，由天子加恩国邑，矮一级，因此一般地盘不大，三五座小城，够吃够喝得了。

然而，这个河间国并没有存在多长时间，刘辟疆在做了十三年河间王后死去，他的儿子也仅仅坐了一年的王位就去世了。由于没有继承人，这个仅仅存在了十四年的河间国消失了，土地被分为河间、广川、渤海三郡。

然而，又隔了十年，也就是公元前155年，汉景帝刘启复置河间国，封他的儿子刘德为河间王。这回河间可不是个小侯国了，刘德为汉景帝的亲儿子，非侄子、孙子一类，他的级别显然要与赵、燕、淮南等同等，仅乐城、弓高四座小邑是不行的了，那么，这时候的河间国有多大呢？嘉靖《河间府志》卷之八载："汉，河间国十一城，户九万三千七百五十四，口六十三万四千四百二十一。"这里的"汉"是指西汉，因为紧接此条又列，"东汉，河间国十二城。"西汉的河间国是哪十一城呢？历来方志惜墨如金，嘉靖《河间府志》未详列，但是我们从另外的资料上查得东汉河间的十二城为：弓高（今阜城县西南）、乐城（今献县河城街）、成平（今泊头市北）、中水（中水有二，此城在今河间市西南）、武垣（今河间市西南）、高阳（今高阳县东）、易（今雄县）、文安（今文安县北）、鄚（今任丘市鄚州）、州乡（今河间市留古寺镇）、東州（今河间市束城镇）、东平舒（今青县西北）。西汉河间国的十一城与东汉河间国的十二城有哪些不同，待考，但从承继关系来看,应该大致仿佛。总之,刘德的河间国肯定要比刘辟疆的河间国大,其疆域应该囊括今天沧州市西部各县以及保定、廊坊的一部分。据司马迁《史记》载，河间王刘德有七子封侯（二级侯国），兹国、千钟国、参户国、州乡国、成平国、广国、盖胥国，除此以外，嘉靖《河间府志》还载有刘德另外几个儿子的封国——景成、乐乡、高郭。这些侯国的具体位置大部分也在当时河间国的疆域内，如州乡国，即在今河间市东北 40 里的留古寺镇附近，现存州乡侯墓，为县级文物保护单位；高郭国，今任丘市西北十余里处；成平国，今泊头市一带，等等，不一而足，仅刘辟疆初始的四城，是无论如何也置不下这么多侯国的。

到了汉武帝刘彻的时候，刘彻同父异母的哥哥刘德仍然为河间王，河间国的都城即在献县。史称刘德修学好古，实事求是，工于整理古籍，抢救文化遗产，所得皆古文先秦书，被服儒术，六艺俱举，文约指明，学者宗之。刘德死后，因其工于整理古籍，抢救文化遗产，聪明睿智，谥号为“献”，后人也称刘德为“河间献王”，献县之名，由此而来。

刘德的河间国总共传了七世，共存在了 158 年，后来王莽窃取了西汉皇帝位，将当时的河间王拉下了王位，河间国随着西汉政权的覆灭再一次灭亡。

这之后光武帝扫平了各地起义军，恢复了汉室江山，因为与前河间王同为汉景帝的后人，因此又恢复了河间国的建制。但是这第三个河间国也只存在了六年。一直到公元 90 年，汉和帝又将乐城、渤海、涿郡三地划分给了他的弟弟刘恭，使河间国第四次出现在地图上。

公元 220 年东汉王朝彻底灭亡，随之兴起的曹魏政权深知裂土封疆的痛苦，于是取消了分封诸侯国的统治模式，这第四个河间国也随着汉室江山的灭亡而消失。

汉以后的王朝将分封制取消了，河间国再也没有出现过。但是“河间”这个名字一直被沿用了下来，今天的河间市正是承袭了古河间国的名字。

河间府自古以来就英才辈出，先后涌现出了许多对我国文明史产生重要影响的人物，素有“京南第一府”之称。河间历史悠久，人杰地灵。西汉博士河间人毛苌在诗经村传授《诗经》，使我国第一部诗歌总集流传天下；东汉张衡曾任河间相，宋代名臣包拯做过瀛州知州；汉武帝钩弋夫人、唐代大诗人刘长卿、金元医学家刘完素、民国代理大总统冯国璋等均居河间；就是人所熟知的纪晓岚的家乡，在那个时代，也是属于河间府管辖的。

李连英的家乡属于直隶河间府大城县（今河北省廊坊市大城县）。

大城地处京津走廊，东距天津140里，北距北京320里。大城县历史悠久，西汉置县，始称平舒，五代时改为大城。这里也是英才辈出之地。比如民国总理张绍曾、奉系军阀张作霖父子和中国人民解放军总参谋部顾问孙毅都是大城县人。

前面我们曾经屡次说到河间府、大城县都是英才辈出之地，可是随着时代的变迁，到了近代以来，包括河间府、大城县在内的中国都发生了很大的变化。

4. 李连英所处的时代

李连英出生的时候，中国出现了哪些变化呢？

从17世纪开始，西方主要国家相继进入资本主义社会。到19世纪上半期，英国率先完成工业革命，成为资本主义头号强国。

而这个时候的中国则是糟糕得很：危机四伏的大清王朝仍然坚持“天朝尊严”和闭关政策，闭目塞耳，不谙外情，妄自称大。19世纪初的英国早已是“海上霸主”“世界工业第一强国”，清朝统治者竟一无所知。

到19世纪上半期，欧亚大陆两端的中英两国兴衰局势已形成了鲜明的对照。鸦片战争前中国日趋衰落的国力构成了英国侵略中国的可能性，而英国为了满足自身资本主义发展的需要，迫切要求扩大海外殖民地和市场，这就决定了英国要对中国发动侵略战争的必然性。

英国要打开中国的市场，也是急不可待之事。中国自给自足的自然经济对外国的工业品具有顽强的抵抗力和清政府实行闭关政策的限制，使英国不可能在中国为自己的商品打开市场，因而出现贸易逆差。这种贸易状况，显然不符合英国资产阶级侵略与掠夺中国的要求。为了扭转对华贸易逆差，他们找到了对他们最有利的特殊商品——鸦片，以此作为掠夺中国财富，打开中国大门的“敲门砖”。英国从18世纪开始经营鸦片贸易，1773年英国制定了对中国输入鸦片的政策，开始向中国大量走私鸦片。1799年向中国走私鸦片4000多箱（每箱重约50公斤或100公斤），到1835年猛增至

35, 445 箱。1835 年，中国吸食鸦片的人数有 200 万以上，说明鸦片的流毒已经很广了。这期间，英国从中国掠走的白银，高达三四亿两。

鸦片横行，林则徐主张严禁鸦片：他上书道光皇帝说，"（鸦片）流毒于天下，则为害甚巨，法当从严。若犹泄泄视之，是使数十年后，中原几无可以御敌之兵，且无可以充饷之银"。1838 年底，道光皇帝任命林则徐为钦差大臣，前赴广东查禁鸦片。随后便爆发了鸦片战争。1840—1842 年的鸦片战争以腐败的清朝政府的惨败、不平等的《中英南京条约》的签订而告结束。

鸦片战争以后，清政府为了支付总计大约 7000 万元的战费和 2000 多万元的赔款，加紧搜刮人民。地丁税是清政府的主要税收。在 1841—1849 年的 8 年之间，这项税收就增加了 330 多万两。

李连英，就出生在这个日益动荡多艰的时代。

5. 日渐贫穷的家乡

李连英的家直隶河间府大城县李家村（今河北省廊坊市大城县臧屯乡李甲村）紧靠在子牙河的边上，距北京大约有 300 里，是一个十年九涝的低洼地带。夏天雨水一多，庄稼就涝得颗粒不收。用他们那地方的一句土话说，是"蛤蟆撒泡尿就发水"。所以，这个地方很穷。

过了子牙河就是河间府，那一带是出太监（俗称老公）的地方，清宫里十分之九的太监，都出在京南二三百里的圈子里。像慈禧太后身边有名的二总管崔玉贵，就是河间府靠子牙河边，隔着一条河，离李家村不到 30 里路的崔张吉庄子人。崔张吉庄子和李家村乡土相连，两村的人，互有婚嫁，可以说是近邻。像大名鼎鼎的安得海，是京南青县人，距崔、李的家乡也不过几十里路。他们那地方的人，说话口音很重，带有很重的鼻音，很远就能听出他们的乡音来。

一般的人为了尊敬旁人的意见，或晚辈听到长辈的吩咐，常常躬身说"是"，而北京城南附近地区的人，则常常应声作"嗯——哪，嗯——

哪”，并且鼻音又重。如果他们家乡人聚集在一个屋子里谈话，在窗外听着，“嗯——哪，嗯——哪”的声音不断。

在李连英的家乡，有这样的谚语：不怕雨下得暴，就怕癞蛤蟆叫。癞蛤蟆是与青蛙非常相似的一种动物。夏天下雨，一阵就过去了，不太可怕，可是癞蛤蟆一叫，就要连阴天不开晴，发水淹地了。随之而来的是当地人挨饿度饥荒，所以有这样的话：癞蛤蟆乱叫，吓得人心惊肉跳。青年人四处逃荒，老年人挨饿上吊。路上也到处可以听到年轻人的对话：嗯——哪，嗯——哪，找秋去吧，找秋去吧！“找秋”是当地的土语，出外打短工的意思。这话等于说：“我们认命啦，逃荒去吧，逃荒去吧！”于是破草帽子一戴，小镰刀往腰后一别，旧小褂往腋下一夹，浑身的家当，肚子里的干粮，沿街乞讨，不知流落到什么地方去了。这可以说是李连英家乡当时的情况。

李连英家乡如此之穷，我们就不难想象，这一带的人们为什么要走上太监之路了。不过，话又说回来了，李连英的家乡穷，可李连英的家不一定穷啊，他为什么非得走上这太监之路不可呢？有的材料还说，他是特别愿意当太监。

这还得从他们家突如其来的变故说起。

第二讲 李连英家庭变故之谜

1. 李连英的父亲

您还别说，李连英的家原来还真挺穷的。他的爷爷奶奶就是在连阴雨季里挨饿躺下的，雨后又遇到秋瘟，连遭不幸，所以呜呼哀哉，两条老命，一路归西了。不过，这个时候，还没有李连英这个人呢——他的父亲也才十几岁的光景。

这个时候，李连英的父亲刚刚十几岁，大名叫李玉，小名叫铁蛋子。俗话说，撒谎瞒不了本乡人，知根知底。这话全是当时的宫女们听与李连英同一时代的慈禧太后手下的二总管、李连英的表叔崔玉贵说的。

乡下人，祖祖辈辈在一块土地上住，亲连亲，亲摞亲，李连英的叔伯姑母，嫁给崔玉贵的堂兄，李连英管崔玉贵叫表叔。当年李家的事崔家差不多都能知道。

李玉埋葬完了爹妈，也就一无所有了，乡下叫“拍拍屁股就搬家”。

李玉家庭遭到如此大难，可让他怎么生活下去呀？他只能靠讨饭、打短工活着。好在是个孩子，光图吃饭，不要工钱，就在附近几个村子转悠。

就在这个时候，一个好心人的突然出现，使得李连英的父亲李玉的生活完全得以改变。这个好心人，他是谁呢？

2. 这个世界上还是好人多

他就是李玉的同宗叔叔李柱。李柱老两口无儿无女，时常周济李玉。李玉是个有心计的年轻人，认准了这是个可以长期倚仗的靠山，所以春种秋收，不用招呼，就自动上门干活，尤其对这位婶母，喂猪、推磨、扫鸡窝，样样都替老太太干了，很得老太太的欢心。过几年老头老太太渐渐老了，就收养李玉当了儿子。李玉这时已是一个能挑家过日子的壮劳动力了。

再说李柱老两口，无儿无女，进一点，攒一点，二十多亩地，半亩园子，过的是葫芦头日子，有进无出，也仿照大宅门的做法，立个堂号叫"永德堂李"，为的是赶集上店也有个称呼。这可不得了，后来李连英的永德堂李声震冀南，有几百顷地，十几个庄头，光永德堂李的收税折子往外一摆，就几口袋，连县太爷也吓得打哆嗦。这些题外的话，暂且不提。

李柱老两口要给李玉说亲了。这是件大事，老两口勒着裤腰带攒下的小家当，怎能轻易给旁人呢？争来争去，还是老太太占上风，把自己的娘家侄女娶过来了，这就是李连英的妈妈——有名的曹氏。家业总算没便宜外人，老太太心满意足了。

说曹氏有名，不是以美貌出名，而是以能干出名。曹氏长得并不美，可五官匀称，看来给人以一种厚实的感觉，上场下地，都是把好手，对待公婆很孝顺，对待邻里很随和，没有小家子尖酸刻薄的味道。尤其对婆婆好，这是小家庭的关键，婆媳和，影响到父子和，一家子小日子过得火炭似的。锦上添花的是，第二年生了一个大胖小子，绝户人家，多年没见过孩子，更给老两口带来欢乐。

曹氏不仅能干活，而且能生养，一连气生了五个小子：李国泰、李英泰、李宝泰、李升泰、李世泰。那么，这五个孩子中间，哪一个才是后来的李连英呢？他日后到底有什么样的遭遇，才使他最终走上了太监这条道路呢？

3. 李连英上学

这五个孩子中间，大小子肥头大耳，但有点傻气，一天到晚闷吃糊涂睡，脑袋有些发涩，缺心眼儿，但听话能干活。二小子可聪明，眼睛虽然不大，但眼珠子乱转，很得爷爷奶奶的喜欢，所以取小名叫机灵，这个小名叫机灵、大名叫李英泰的男孩子就是后来赫赫有名的李连英。

李连英出生于 1848 年 11 月 12 日（旧历十月十七日）。

俗话说，三岁看大，七岁看老。小孩子有心计没心计，从小就能看出来。

冀南虽然地皮穷，但有个好风气，一到冬天，场也光了，地也空了，大家就要操办给孩子上冬学。冬学不是学校，也不是私塾，就是简单地教孩子们在冬三月认识一些字。大致由立冬后开始，到腊月十五前后结束。请一个教认字的老师，找一间闲房，就算齐了。谁家的孩子爱来就来，也没有一定的座位，搬个板凳，往炕沿根底下一坐，诸事大吉。老师也不要报酬，张家的孩子背一筐乱柴火来，李家的孩子捧一捧枣来，甚至当时什么也不给，到夏天菜下来了，给老师揪一把菜，这都是报酬，乡下人叫答老师的情。

老师最高的学问，是能念《百家姓》《三字经》《千字文》，学生也只能学这些，可老师是有绝对权威的。家长送学生时，就把权力交给老师了。孩子不听话，结结实实地打，打死也不怨老师。老师旱烟袋一端，嘬得烟袋里的烟油子滋啦滋啦地响。看谁不顺眼，用烟袋一杵，铜烟袋锅扣在脑袋上，就是个栗子包。这群没笼头的野马，哪能干吃这个亏。所以在乱哄哄的念书声里，自然会夹杂着“赵钱孙李，周吴郑王，老师停床；冯陈褚卫，老师盖纸被”；“人之初，性本善，烟袋锅炒鸡蛋，越打爸爸越不念”。

五六岁的李连英，决不干这种傻事。他每天早晨到冬学堂把地扫一遍，把老师烟笸箩里的烟梗挑出来，晚上下学以后，帮老师烧烧炕，很得老师的喜爱。他又听妈妈说，“念书不讲，种地不耪”，认了字以后，他就追问老师怎么讲。在这短短的几个月里，小小的年纪能认多半本《百家姓》，很难得了。从此给他打下认字的基础，又喜欢练字，没事时在地上乱画。他从小就是这种有心计的人。

在家也是这样。夏天，起早跟着爸去浇园子，爸爸摇辘轳，他管扒畦口子；秋天，跟爸爸到菜地里去捉钻心虫；若妈妈下地，奶奶上场院，他能看家哄弟弟。他从小就是踏实可靠的孩子，这样的性格全是这位曹氏母亲培养出来的。不但他如此，他底下的三个弟弟也是规规矩矩，人们都称赞是李连英把弟弟们带好的。

天有不测风云，就在李连英 6 岁的这年年根底下，一场突如其来的灾难，打得李连英的家庭几乎家破人亡。到底是什么样的事情呢？

4. 突如其来的灾难

事情其实很简单，李连英的爷爷、李玉的养父李柱一命呜呼了。

问题在于，人嘛，岁数大了，死也就死了，还能让李连英的家庭几乎家破人亡？事情得从根上慢慢说起。

俗话说，绝户爱财，老人惜命。平常日子，李柱就对街坊宗族有些吝啬，唯恐别人沾他的光，过继李玉也是贪图他是个壮劳动力，又孤身一人，以后不会有麻烦。乡间的人有一种传统习惯，对于过继儿子，非常严格，如果处理不公，常常引起家族之间的械斗。李玉本不是李柱的亲侄子，也不是近支，按照血统，根本没权继承李柱的财产。而按传统的规则，应该以血统近的侄子来继承。

这回您知道了吧？李柱虽然没有亲侄子，但是有近支的侄子，放着近支侄子不过继，过继一个远房侄子，根本不合理，一群近支的侄子可以不承认。大家看着李连英的父亲能不眼红？能不气愤？那个时候，家家都那么穷，几个小钱也能让人红眼，何况是偌大的家业呢。

究竟谁才应该给李柱当孝子，谁应该顶丧架灵扛幡杆子呢？在李柱死了之后，埋葬以前，这可一定要争论出个究竟来。在乡间，这叫抢绝户的幡杆子。按传统的习惯，谁打幡，谁就有财产继承权。

李连英的父亲如何去做才能渡过这个难关呢？

5. 釜底抽薪

逆境中，李玉的表现是沉着冷静，非常有心计。对谁都作揖磕头，但心里是“任他风波起，稳坐钓鱼船”，自己不说话，让李柱的老伴去出头，无论如何，要先把李柱埋了。李柱老伴自己要求顶丧抱罐子，回头再议论家务事。侄子们没办法，只好低头。老太太的这些心计，当然都是自己的娘家侄女、李玉的妻子曹氏的主意。有李柱老伴活一天，家业谁也不能分，谁说要分家业，老太太就撞死在谁家，这一招非常厉害，把抢家产的风波暂时压下去了。

但李连英的奶奶也看明白了，多年辛苦的家业是守不住了。于是她扬言因为给李柱办丧事，落下了亏空，所以先卖园子，后卖地。恰好曹氏有个娘家哥哥在北京耍手艺，干皮行，乘年节的机会，跟堂兄定计划，李玉跟曹氏商量好，把老太太和大孩子扔在家里，用釜底抽薪的办法，让老太太在家卖地，把钱渐渐转移到北京。当然这都是曹氏搭的桥，出的力。后来他们家大部分人就都搬到北京了。

问题在于，搬到北京居住、生活，这不是挺好的么？怎么这个李连英最终走上了太监这条道路呢？他们一家人到底遇到了什么样的困难，才使少年李连英最终走上了太监这条道路呢？

6. 李家迁居北京

其实，说到这里，我们都已经很明白了，李连英一家人搬到北京生活，表面上的原因是为了到北京做生意，而实际上纯粹是被同乡、同宗、同族的人给挤兑出来的。他们搬到北京生活，那也是实在没辙了。俗话说得好，故土难离啊。

搬到北京生活，那可不是一件容易的事，您得真有点儿本事。

说到这里，我想起了唐朝大诗人白居易的一段故事，说的是，白居易年轻的时候，来到当时的都城长安赶考，到了长安之后的白居易，拜会了当时闻名全国的诗人宰相顾况。没曾想，顾况并不欣赏这个年轻人，说了这样一句话："长安米贵，白居？不易啊。"给白居易气的，撂下一首诗就走了。后来，这顾况看到了白居易的诗，又赶紧把白居易给请回来了。

您想啊，这白居易好歹还会做诗不是？在那个时代，还能够被人看得起不是？而这李连英一家在北京能够依靠什么为生啊？就凭着他们家那点从农村得来的可怜的小钱？在农村，那点钱可真是不少，可这点钱，到了北京又能算得了什么呢？想在北京城里生活？那可是把在北京城里生活想得太简单了。

说实话，在北京城里生活，的确是非常不容易的。你一个北漂，要技术没有技术，要能力没有能力，要钱也很少，光凭力气，哪里有那么好的差事呀？

李连英一家在北京的困难我们是可想而知的。这一大家子人，来到北京，可怎么生活呢？好在是天无绝人之路，这不，李连英的妈妈曹氏在北京不是有个亲戚嘛，求求他们家呗。

7.“永德堂李皮作坊”

前门外珠市口大街路西有个同增皮货庄，是不大的两间门脸的买卖，卖新货也捎带着卖估衣——旧布头啊，就是相声里的“估衣”。买进旧皮货经过缝补粘连，一番修饰，就能卖好价钱。曹氏的堂兄就在这里耍手艺，跟买卖皮子的人有拉拢，于是就帮李玉成立一个熟皮子的作坊。收生皮子，熟好了再卖给同增皮货庄，这是一个下等行业。

熟皮子要经过很多道手续，最重要是用硝来揉，皮作坊是离不开硝的。硝有毒，气味大，辣眼睛，腐蚀手，而且呛人。揉皮子也要用大力气，把皮子用钉子绷在地上或墙上，用硝揉完了以后再放进大缸里用水泡，刷洗，带水捞皮子，很沉，非常费力气。曹氏也必须跟着干。本来带血津的皮子，再往缸里一泡，又有芒硝味，一散开像尿池子的尿碱一样，呛人，辣眼睛。试想，墙上绷着羊皮、狗皮，院子七八口大缸满是臭水。夏天，苍蝇、蚊子满处飞，地上全是脏血水；冬天，整院子的冰，白天黑夜受臭味熏着。

这样的作坊北京城里是不容许的，因为它又脏、又臭，只能放在城外边。南城多在芦草园龙须沟一带，西城多在西直门外沿护城河一带。李玉开的作坊就在西直门外堂子胡同坐东朝西的一座三合房里，门口居然有个一尺多长的木牌子，上面用墨笔写着七个大字：永德堂李皮作坊。这就是李玉、曹氏到北京的生活。

8. 绰号“皮硝李”的由来

这里，需要提醒的是，这个时期的李连英和他的父亲，把自己家里开的作坊开到了西直门外堂子胡同坐东朝西的一座三合房里，他们一家人也吃住、生活在这里。有的书上记载，就在这个时候，人们给李连英起了一个绰号——皮硝李。

“皮硝李”，什么意思呢？为什么要给他起这么一个绰号呢？

这里，我们要注意，称李连英为“皮硝李”绝不是颂扬他，而是奚落他。日后的李连英自己也从来不提“皮硝李”这个名称，因为这名称并不光荣。后来有人说李连英的绰号不是“皮硝李”而是“皮小李”，解作当皮匠的小李，还说他父亲的外号叫做“皮老李”，解作当皮匠的老李，这些都是不正确的。

其实，“皮硝李”并不是李连英个人的绰号，而是以李玉为首，包括曹氏在内的整个家族的称号。正因为有这些原因，所以李玉稍稍富裕些，就让曹氏和孩子搬出堂子胡同，在今海淀区青龙桥地区颐和园北面的大有庄租房居住。

那个时候的青龙桥地区的大有庄荒凉少人，只住着包括李连英一家在内的八户人家，人称为“穷八家”。

李连英一家人因为要赌上一口气，全家搬到北京之后，都是非常拼命地干活，既吃苦又耐劳，但究竟出路在哪里呢？

根据很多书上的记载，就在这个时期前后，他的家再度发生了变故——这个变故到底是什么呢？不知道了吧？还是看看《辞海》上是怎么说的吧！

9. 突如其来的家庭变故

李连英的家，到底发生了哪些变故呢？根据 1989 年上海辞书出版社出版的缩印本《辞海》“李莲英”词条上面说的，我们可以知道，这个时候的李连英，他进了监狱了！进监狱？如果真的发生了这样的事情的话，我想，这个变故对李连英、对李连英家庭的打击，那可是太大了。

问题在于，这个《辞海》上只是简单说到了李连英进监狱的事情，并没有解释清楚他为什么会进监狱。关于李连英进监狱的原因，我们只能根据《辞海》上面说的“初为私贩，被捕入狱”一句话进行一些所谓的“合理的想象”。

于是，在很多关于李连英的书籍中，关于李连英被捕入狱的原因的探讨，就有了下面的一些说法。

我们先说这第一个相关的说法：关于李连英“初为私贩”的问题。

1989 年上海辞书出版社出版的缩印本《辞海》上说李连英“初为私贩”，那就有个问题必须要解释：这个时期的李连英，卖的到底是什么东西呢？

不用他们说，我们就能够想象得出来，一定是与熟皮子有关的东西，是吧？

那么，什么东西既不大，还好拿，还要与熟皮子有关呢？李连英的年岁不大呀，他拿不了那么沉重的东西不是？肯定不是皮货本身！对吧？

那还有什么东西既能够让李连英贩卖、又完全属于非法贩卖呢？您想想，不干非法的事情，他李连英凭什么进监狱、坐牢啊？

按照这种简单的心理暗示，我们是否知道一些端倪了呢？

前面我们说过，熟皮子要经很多道手续，最重要是用硝来揉，皮作坊是离不开硝的，而硝又有毒！得，这个李连英肯定是贩卖了政府控制的毒品——硝，才让政府抓住、坐牢的！这个，您也同意了吧？

好了，这第一个说法——关于李连英“初为私贩”的问题——我们猜清楚了。也就是说，李连英进监狱的原因，可能是因为私自贩卖政府控制的毒品——硝！

现在，我们就应该进入下一个环节了：李连英因为走私贩私的问题而被捕入狱前后，他的父亲干什么去了呢？

在分析这个问题之前，我们必须要说清楚一点的是：既然李连英因为私自贩卖政府禁止贩卖的毒品硝而坐牢了，看来，这个时候他们家的那个所谓的“永德堂李皮作坊”也肯定关张了，是吧？您想啊，孩子都进去了，这大人能不出事么？

问题在于，这李连英家的大人能够出什么事，从而迫使李连英铤而走险、私自贩卖政府控制的毒品硝呢？

这李连英家的大人的结果肯定只有两种：一是也进了监狱，二是大人死了。

现在，我们再来分析一下上述这两种假设，哪一个似乎更加合理一些：大人跟着孩子进监狱，这种可能性还是比较小的——按照正常情况来说，应该是大人先进监狱，孩子是随从而已。

那么，这第一种可能性既然很小，我们再来分析一下，这个孩子进监狱，大人为什么不采取积极的措施营救呢？一般来说，这个大人应该是出现了意外的事故，最有可能的是大人死了。于是，很多的书上就说，这个时候，李连英的父亲已经去世了。

好了，这第二个说法——关于李连英父亲的问题——我们猜清楚了：应该是已经去世了。现在，我们就应该进入下一个环节了：李连英被捕入狱得释后的工作问题。李连英出狱后依靠什么为生呢？

既然他因为私自贩卖政府禁止贩卖的毒品硝而坐牢了，看来，这个时候他们家的那个所谓的“永德堂李皮作坊”也肯定关张了，是吧？

李连英的父亲也已经去世了，出狱以后的李连英依靠什么为生呢？

肯定是干与熟皮子有关的行业，是不？这能是什么行业呢？《辞海》上给了我们一个非常清楚的答案：“得释后，改业补鞋。”

好了，这第三个说法——关于李连英“被捕入狱得释后，改业补鞋”的问题——我们猜清楚了。现在，我们就应该进入下一个环节了：上面的这些猜想都有道理么？

告诉您吧，上面的这些猜想完全没有道理！换句话说，上述这些什么“李连英的父亲已经去世了”“李连英因为私自贩卖政府禁止贩卖的毒品硝而被捕入狱”“出狱以后的李连英改业补鞋”等等说法基本上是属于子虚乌有的那种类型。

第三讲 李连英和崔玉贵

1. 子虚乌有的家庭变故之谜

有的朋友说了，您这说法可有点过分了！您这不是在说 1989 年上海辞书出版社出版的缩印本《辞海》上关于李连英的说法有问题么？

是啊，我就是这个意思呀，我说的就是这 1989 年上海辞书出版社出版的缩印本《辞海》上关于李连英的说法有问题啊！这有什么呀？谁还能不出问题？谁还能不犯错误？犯错误不怕，改了就好嘛！

再说了，那是 1989 年的版本，属于很老的那种版本。随着研究的进一步深入，我们的《辞海》也会更加准确的不是？

有的朋友又说了，您凭什么说人家 1989 年上海辞书出版社出版的缩印本《辞海》关于李连英的说法有问题呀？可不要栽赃陷害人哟！可要拿出确凿的证据哟！

我说的还真是有道理的。您想想，我们在一开始就曾经交代说，这个李连英出生于 1848 年，但是，我们还要特别注意一点，这个李连英当上太监最晚不晚于 1854 年——1854 年的时候，李连英周岁 6 岁，虚岁 7 岁。

那么，按照我们前面的推论，这个李连英应该最晚也是在 1853 年他 5 岁之前，他的父亲就已经去世了，然后李连英就因为私自贩卖政府禁止贩卖的毒品硝而被捕入狱了，出狱以后的李连英就改业补鞋了。

您能想象得出，上面的这些事，都是一个 5 岁的小孩子干出来的？ 5 岁的小孩子私自贩卖政府禁止贩卖的毒品硝？政府把一个 5 岁的小孩子抓进监狱？ 5 岁的小孩子出了监狱之后，勇敢地承担起家庭的重担而上街补鞋？那样的话，我倒是真的觉得这个李连英简直就是个让我们人人景仰的大英雄、大豪杰了！太应该向他学习了不是？

所以，我说上面的这些都是属于建立在一个假设基础之上的合理想象！如果这个假设不成立，那么建立在这个假设基础之上的所有推论便都不能成立了。问题在于，上述这些内容哪一个才是让我们作出了种种错误推论的第一个不符合史实的假设呢？这第一个不符合史实的假设当然应该是“李连英被捕入狱”这种说法喽！

那么，历史上这个李连英到底是否坐过大牢、入过监狱呢？我在相关的历史档案上，没有查到李连英做过大牢、入过监狱的相关记载！也就是说，据我所知，根据现在我们所能够看得到的历史档案分析，我们可以暂时确信，李连英在做太监之前，没有坐过大牢、入过监狱！

那，这问题就出来了：好好的一个家庭，这个李连英的父亲也没有死、李连英也没因为私自贩卖政府禁止贩卖的毒品硝而被捕入狱、李连英也没有改业补鞋，那这个李连英为什么要当太监呢？李连英的家庭为什么不能吸引住李连英啊？当太监有什么好，那么吸引李连英啊？

2. 李连英当太监的原因

说到这个李连英当太监的原因啊，一般而言，应该从以下三个方面来分析：第一，家庭对于李连英没有吸引力；第二，李连英自身的特殊原因；第三，周边亲朋好友的影响。

我们先说这第一点原因：家庭对于李连英没有吸引力。

家庭对于李连英没有吸引力？这还真是一个问题。要想回答这个问题，我们就要给朋友们介绍一本书：《宫女谈往录》。

《宫女谈往录》的作者是一生从事教育工作的金易夫妇。还在金易先生当学生的时候，他就认识了个姓何的老宫女，这个老宫女 13 岁进宫，随侍慈禧太后前后长达 8 年之久。后来，金易夫妇整理了老宫女的回忆录，这就是我们所说的《宫女谈往录》。

在没有新的资料出来前，这本书的内容还是可信的。换句话说，到目前为止，我们还只能暂且相信《宫女谈往录》中关于李连英非得要离开家庭当太监不可的记载。

家庭对于李连英为什么没有吸引力呢？《宫女谈往录》记载了李连英对于自己主动当太监的原因："父亲只知道怎样挣钱养家，把钱看得非常重，对孩子的感情比较淡薄，只有妈妈对儿子感情特别重。"

您听清楚了吧，家庭为什么不能吸引住李连英呢？主要原因是他的父亲把钱看得非常重、对孩子的感情比较淡薄造成了家庭对他的离心力，所以这个少年李连英才"自动请求净身"！

下面我们再说李连英当太监的第二点原因：李连英自身的特殊原因。

根据李玉川《大城县清代太监初考》上的记载，李连英小的时候曾经在膝盖上长了一个"人面疮"，求医问卜不见效验。偶遇一个拉骆驼的算卦先生，称要免灾"不入空门入黄门"，即不出家当和尚，就得进宫当太监。李连英的父亲李玉迷信命运的安排，权衡利弊，为叫儿子有个出头之日，即选择了当太监这条路。

新的问题又出现了：对于李连英来说，不管前面两种说法中的哪一种是正确的，但李连英应该清楚，这当太监可不是好玩的——这事，可完全没有后悔的余地呀，这可不比出家当和尚啊！

这就说到了李连英当太监的第三点原因：周边亲朋好友的影响。

前面我们曾经介绍过：清代末年，现在北京的郊区，京南一带的河北地区，安徽省的庐江、无为、和县、含山、巢湖，还有山东省的乐陵，都是出太监的地方。

为什么这些地区都是出太监的地方呢？很简单，同乡的影响。如果某个地区有一个人成为太监，而且还混得不错，这就很有可能在自己的家乡周围产生较大影响；如果恰好某个地区的百姓又因为天灾人祸没有办法、走投无路的话，那么，走太监之路，则几乎是年幼男孩子的唯一选择。

所以，在家庭状况十分困难的情况下，如果孩子主动要求当太监，一般而言，家长是不会反对的——李连英的父亲李玉就是非常支持自己的孩子当太监的。

现在的问题在于，李连英的家乡是否是出太监的地方？李连英的亲戚朋友当中，是否有当太监的呢？

说到李连英的亲戚朋友当中是否有当太监的，这里我们就要说到前面提到过的一个人：慈禧太后身边的另一个红人太监——二总管崔玉贵。

3. 二总管崔玉贵

其实，这个崔玉贵，原名崔玉玺，他是子牙河边河间府的崔张吉庄人，与李连英的家乡李家庄隔着一条河，相距约 30 里。说起来，这个崔玉贵与李连英的家乡不仅是近邻，更为重要的是，这个崔玉贵与李连英还是亲戚：李连英的叔伯姑母嫁给崔玉贵的堂兄，因此李连英应称崔玉贵为表叔。

崔玉玺进宫要比李连英早很多年，进宫后因“玺”字犯忌，就改名崔玉贵，也有的书上把这“富贵”的“贵”写作“桂花”的“桂”。在李连英想当太监的时候，人家崔玉贵早混出个人样儿来了：崔玉贵居然成了庆王爷的干儿子了。

在清朝二百多年历史中所封的 12 个铁帽子王中，庆亲王这个家族也是很有传奇色彩的：历史上的第一个庆亲王是乾隆皇帝最小的儿子、嘉庆皇帝的同父同母兄弟永璘。永璘最有名的一句话就是“假使皇帝多如雨点，也不能滴我的头上，唯求诸位弟兄可怜，把和珅的宅第赠给我居住，我就知足了”。

后来嘉庆皇帝登基后还真把和珅的宅第送给了这位弟弟！永璘在临死前被封为亲王，后其家族逐渐递降，到永璘的孙子奕劻时已经降到辅国将军了！

但就是这个奕劻使得庆王家族又重新达到了巅峰！1908 年奕劻被慈禧封为世袭罔替铁帽子王，成为当时唯一一个皇族外支铁帽子王！

崔玉贵进宫就是由庆王府引荐的，崔玉贵先在庆王府当小太监，机灵有出息。当时，各王府都有敬献小太监进宫当差的制度，庆王就把他提拔上去了。在外有庆王爷这样的军机大臣当后台，在宫里又有庆王爷的女儿四格格照应，崔玉贵在宫内宫外当然很红。

是不是正是这崔玉贵在宫里的红火，让跟他沾亲带故的亲戚李连英最终走上了太监之路了呢？

应该有这个方面的原因。李连英的表叔、太监崔玉贵在宫里的红火，的确让李连英羡慕不已，这也最终促成李连英走上了太监之路。

问题在于，这个时候的李连英，企图“自动请求净身”，可是他找谁去呢？那，还能找谁啊？找自己的表叔崔玉贵呗。

想想也是，人家崔玉贵在宫里面多红火啊，多牛啊。不找他找谁啊？

您还别说，这个崔玉贵在宫里面还确实是很牛气，跟很多太监都不一样的一个人。有的朋友说了，他跟别人不一样？很牛气？他凭什么啊？

4. 崔玉贵的身份

您还别说，他能够凭借的东西还确实很多：无论是身份也好，手艺也罢，这个李连英的表叔崔玉贵都与一般的太监不同。

我们先来简单介绍一下李连英的表叔崔玉贵的身份。

前面我们介绍说，崔玉贵是庆王爷的干儿子。可是您不知道吧，这个崔玉贵啊，他还有另外一个身份呢！

根据前面我们曾经说过的一本著作《宫女谈往录》上的记载，崔玉贵还是慈禧太后的亲弟弟、大清朝的承恩公桂祥的干儿子。那桂祥可不是一般的人物。桂祥的女儿日后不是嫁给了光绪皇帝,成为光绪皇帝的皇后了嘛。

崔玉贵既然是桂祥的干儿子，那也就是光绪皇帝的皇后的干兄弟，也就成了光绪皇帝的干小舅子了不是？

您也甭费那劲了，您就记住一句话：人家崔玉贵啊，那可真是慈禧太后的亲信，就行了。这里，我们说的是李连英的表叔崔玉贵的身份。

下面我们再来说说崔玉贵的手艺。

5. 崔玉贵的手艺

有的朋友说了,当太监还要手艺？那当然了。您到哪儿没有手艺行啊？这个紫禁城里又不是难民收容所，当然需要手艺啦。

不过，说起这个手艺来啊，有的朋友倒想问问了，崔玉贵会的是什么手艺呢？那可就多了去了。我们还真得分门别类地说说。

第一个手艺，就是崔玉贵特别地能够吃苦耐劳。崔玉贵特别能吃苦耐劳的前提是他特别能吃——饭量特别大。有的朋友说了，这也叫做手艺？那当然了。您想啊，饭量大，是指一顿饭的饭量大，按照他自己的话讲，“我又可以三天不吃饭了。……咱们冀南不是有句俗话吗,叫‘吃一席,饱一集’。一集是五天，我说三天还说少了呢！”（语出《宫女谈往录》）他一次可以吃出三天的饭来，然后又可以三天不吃饭。您别看他吃得特别多，可他还有个优点：既不吸烟，也不喝酒。您想一想，这样的太监，他在出去给皇上办事的时候,可以忍饥挨饿啊,那可以替皇上多办多少事情啊？这是第一,他干活的时间比别人要长很多——他把吃饭的时间给省出来了。

第二个手艺，就是崔玉贵既会武功又特别仗义。崔玉贵这个人，从小就生长在河间地区。河间地区的人，自古以来就特别喜好练武——崔玉贵也是如此。崔玉贵从小就习武，一直到他晚年出了宫之后都没有间断过。冬天出门的时候，经常把自己打扮成武教师爷模样。

冬天的武教师爷啥模样啊？头上戴一顶海龙拔针的软胎帽子，毛茸茸的活像蒙古猎人。一瞧就知道是大内的东西。海龙是比水獭还要大的海兽，皮毛比水獭不知要高贵多少倍。这种海兽不到大雪以后皮毛上不长银针，必须到了节气，银针才长出来。厚厚的油黑发亮的绒毛，长出一层三寸来长像雪一样的银针，只有海参崴进贡，别处是没有的，宫里叫“崴子货”。

说完了崔玉贵的头，咱们再说他的手。他的左手经常握着一个浅红玛瑙的鼻烟壶，右手拇指上套着个翡翠扳指儿——扳指，原八旗勇士拉硬弓时特意用皮套把拇指保护起来，以后成为武士特殊装饰。嘴里还经常说着什么“用这扳指管着我，免得我右手管闲事”之类的话。练武的人能管住自己的手，是很不容易的。

崔玉贵办事，讲究个干净利索，也有些抢阳斗胜的味儿，好逞能露脸。当时在宫里年纪又轻，所以宫里的小太监背后管他叫小罗成——这个外号可不是瞎叫的，那可是人家有真功夫的一个最好的证明。但他是个阳面上的人，绝不使阴损坏。因此太监都怕他，但不提防他。

看出来了吧，这个李连英的表叔崔玉贵那可是真的很有些本事的。朋友们自然就问了，那李连英求他办事，还不是小菜一碟？

这一回，您可是猜错了。李连英与太监崔玉贵虽然是表亲，但李连英要想直接通过崔玉贵走上太监之路还是非常困难的。为什么呢？

6. 当太监？那可指望不上崔玉贵

因为大清朝有个规定，太监不能私自出宫。虽然太监崔玉贵与老家的亲戚朋友仍然走动着，但这也只能是偶尔的情况，更多的情况则是崔玉贵的家人在进宫探亲的时候捎带着把宫里的情况、把崔玉贵在宫里如何如何享福的情况说给亲戚朋友们听——以免亲戚朋友们可怜他们家。

另外，这个时候的崔玉贵还没有那么神通广大。前面我们虽然说过，这个时候的崔玉贵，我们不管他是庆王爷奕劻的干儿子也好，还是慈禧太后的亲弟弟、大清朝的承恩公桂祥的干儿子也罢，这些都非常地不重要。

而下面的两个问题是我们必须要注意的。

第一，此时的庆王爷奕劻和慈禧太后的亲弟弟桂祥的地位都还很低。

我们先说说这个奕劻。这个时候，奕劻可不是什么庆王爷，他在那个时候呀，只是个辅国将军而已——换句话说，奕劻本人还远远没有那么大的能量呢。而且与我们很多人的期望完全相反的是，这个时候的辅国将军奕劻，他自己也刚从原来的和珅府邸中被咸丰皇帝赶出来，而这个和珅府邸从 1851 年以后就成了人所共知的恭王府了——换句话说，这个身后的辅国将军奕劻之所以把崔玉贵送到宫里面，就是企图充分利用崔玉贵的优势，为自己的将来谋些福利——他还想利用崔玉贵来达到自己的目的呢。这个时候的崔玉贵本人，还远远没有完成旧主子交给自己的任务呢，他还想依靠旧主子的权势来帮助自己的表侄进宫？笑话！

我们再说说慈禧太后的亲弟弟、大清朝的承恩公桂祥。桂祥的发迹就更晚了——他必须要等到他的姐姐给咸丰皇帝生养了儿子之后，必须要等到他的姐姐已经母以子贵飞黄腾达之后才有可能给太监崔玉贵撑腰！而这个时候，还远远地没有到达啊？桂祥自己还泥菩萨过河——自身难保呢！还想帮助太监崔玉贵的表侄进宫？笑话！

第二，对于崔玉贵来说，他进入内廷之中，还刚刚是个开始而已。自己虽然比较顺利，但要想真正帮助自己的表侄进宫，他的能力还完全没有达到。

也就是说，对李连英想进宫当太监的想法，崔玉贵也只能是有那帮助的心、没那帮助的力而已。

看来，李连英想通过走崔玉贵这条路进宫当太监的想法，是暂时实现不了了。要想进宫当太监，李连英还得另外再想别的办法。

7. 犯难的李连英母子

这可怎么办呢？李连英犯了难了。于是乎，这个现在名字仍然叫作李英泰的孩子每天心里面装的事情就是跟他的妈妈闹！闹什么呢？“我要入宫！我要当太监！我要净身！您得给我想办法！”

这个时候，李连英的妈妈也犯了难。眼看着自己的骨肉非得要当太监，哪个做母亲的心里能好受呢？可是不答应孩子的要求吧，眼下的这个家也实在是过不下去了：这么多的孩子，都要吃穿，可是自己夫妻二人，怎么能够满足得了这一大家子人的需求啊？看着吧，也就是这个二小子还算聪明些，如果入了宫的话，还可能混出点人样来——别的孩子，那就不行了！

可是，找谁去呢？李连英的妈妈犯了难。因为这里面实际上有两个问题需要解决：第一个问题是找谁做手术，第二个问题是找谁带入宫。而且一定要先解决了第二个问题才能再解决第一个问题。否则的话，万一手术做完了，人家宫里头不需要人，这不瞎了么？

李连英的妈妈，眼看着自己的儿子着急，自己也跟着着急。她知道，自己不能找崔玉贵——崔玉贵他帮不上这个忙！可不找崔玉贵找谁呢？

正在李连英和他的妈妈都很着急上火的时候，一个名字涌上了李连英的妈妈的心头。谁呢？沈兰玉。

沈兰玉是谁？这么陌生的一个名字，他能帮李连英什么忙呢？

第四讲 李连英走上太监之路之谜

1. 沈兰玉为什么要帮助李连英？

说起来，这个沈兰玉可是个老太监了。他也是河间府人，这时已经是咸丰皇帝身边的御前总管太监。他还能出入禁宫。

于是，李连英的妈妈就想方设法与这个名字叫作沈兰玉的老太监取得了联系。

您想啊，沈兰玉虽然不能经常出宫，但他也还是有机会回到自己在北京城区的家的。那个时候，一般的太监都有个家，讨个所谓的老婆，抱养自己弟弟的一个孩子，在京城买个房子。

因此，李连英的妈妈还是能够找到沈兰玉家的。再说了，这个沈兰玉虽然很有名，但毕竟是个太监，也是苦出身。现在，人家另一个同样是苦出身的人求上咱们了。咳，不管是亲不亲阶级分也好，亲不亲故乡人也好，反正这个沈兰玉与李连英既属于同一个阶级，也属于同一个家乡！

于是，沈兰玉异乎寻常地、非常痛快地答应了李连英妈妈的要求；不但答应了李连英的妈妈委托他为孩子做手术的要求，而且还负责安排李连英日后入宫的一切大事小情！更为重要的是，这上述的一切，还全都免费！不但手术的所有费用免了，人家要给做手术的人送的礼物咱们也免了。

说到做手术的费用和给做手术的人送礼物的费用，有的朋友会说了，是不是不需要花费多少钱啊，是不是人家看在沈兰玉的薄面上，又不用多少钱呢？

这回，您可真的猜错了。做这个手术的费用和给做手术的人送礼物的费用，可多了去了。要想全都免费，这还真的不是一般人能办得到的——也就是沈兰玉等极少数的太监才能做得到。

沈兰玉等极少数的太监，咳，那不是因为人家是皇帝面前的红人嘛！

现在，我们再回过头来继续说沈兰玉。这个时候，沈兰玉心说，谁让您李连英家看得起咱当太监的呢？咱也得给别人证明一下咱们既属于同一个阶级、也属于同一个家乡的人的本事不是？

真是天无绝人之路啊！看来，李连英当太监这件事情已经十有八九没问题了。现在的问题是：沈兰玉找谁给这个日后的大太监李连英免费做手术啊？

沈兰玉向李连英和他的妈妈推荐了“小刀刘”。

这“小刀刘”是个什么人呢？他为什么能够答应免费为李连英做手术呢？

2. 垄断阉割业的“毕五”和“小刀刘”

在中国，有专门为想当太监者做阉割手术的行家，人称“刀子匠”。“刀子匠”没有固定的薪俸，但都是政府认可的专家。“刀子匠”的职业就是制造太监。每个“刀子匠”都收有数名徒弟，而且这些徒弟都是与其师傅属于同一家族。“刀子匠”的职业、技艺都在本家族内部世代沿袭相传，一般不传给外人。

普通"刀子匠"的手术费是每阉割一名太监六两白银，负责完全治好。可是接受阉割的人往往都是穷人，大多数没有现银，因此要有担保人，手术费可以事后补交，但无论怎样，没有担保人，"刀子匠"是决不肯动手的。

在清朝末年的都城北京制造太监的行业中，有两家垄断大户：南长街会计司胡同的"毕五"和地安门内方砖胡同的"小刀刘"。

有的记载说，这两家的家主都是清朝的七品官，还有的说"小刀刘"是六品顶戴。他们每个季度给总管内务府送去净好身的成品小太监 40 名，每年共 4 次 160 名小太监，这是他们的职业。

给准备当太监的小孩子净身一类的"手续"，全部由"毕五"和"小刀刘"两家包办了。他们有多年的经验，而且有一套完整的设备，加上技术高超、手段干净利落，被阉割者的伤亡率很低。

因此，当时想把孩子送到宫里当太监的人，首先要到毕家或刘家去"挂舀子"，也就是报名。然后经过一连串审查，看相貌，听言谈，试伶俐劲儿等全套的检查，直到他们认为合格以后才能收留下这些孩子。

当然，李连英毕竟不同于旁人，由于有沈兰玉关照，他可不需要报名、审查。

3. 李连英上了手术台

据清代笔记《宸垣杂识》记载，愿意净身入宫做太监的人，必须要由有地位的太监援引，然后凭证人立下"婚书"，把自己当成"女人"那样"嫁"到皇宫里。其中的关键是订立生死文书，并需请上三老四少作为证明人，写明系自愿净身，生死不论，免得将来出麻烦吃官司。费用自然是要收取的，一般要交上十两八两不等的银子。穷人家大都拿不出，便要立下契约，等孩子进了宫，发迹后再逐月回扣。月份少，利息大，如进宫混得不好，这笔债要一二十年才能还得清。上述这些也需要在文书上写明白。

还有两样东西是必须带着的，一是送给"刀子匠"的礼物，一般是一个猪头或一只鸡，外加一瓶酒。二是手术期间所用的物品，包括 30 斤米、几篓玉米棒、几担芝麻秸及半刀窗户纸。其中，米是净身者一个月的口粮，玉米棒烧炕保暖用，芝麻秸烧成灰后用来垫炕，窗户纸则用来糊窗子，以免手术后受风。“刀子匠”要准备两个新鲜的猪苦胆、臭大麻汤和麦秆。猪苦胆有消肿止痛的作用，手术后敷在伤口处；臭大麻汤的功用很多，手术前喝一碗让人迷糊，起麻醉作用，手术后再喝，让手术者泻肚，以减轻小便的排泄量，保证手术成功；麦秆的功用不言自明，即手术后插入尿道。

然后，选上一个好日子——最好在春末夏初，气温不高不低，没有苍蝇蚊子，因为手术后约一个月下身不能穿衣服。选好了日子之后，要把净身者关在房间里。那房间必须密不透风，让净身者先清理粪便，然后锁在房里。在这段禁闭期间，绝对不能饮食，免得有排泄的秽物沾染手术后的创口，致使伤口恶化，危及生命。之所以要密不透风，也是为了净身者的安全。这样，经过三四天之后，才能让“刀子匠”进行手术的准备工作。

手术前，操刀者先要问：“你是自愿净身吗？”受割者说：“是。”

又问：“假如你反悔，现在还来得及！”答道：“决不后悔。”

又问：“那么你断子绝孙，可和我毫无干系吧？”答道：“毫无干系！”

例行话问完，担任介绍人的太监，把“自愿阉割书”循例地再念一遍。在此期间，如果被阉割者表现得不愿意甚至有丝毫犹豫，“刀子匠”都必须立刻松绑，挥手让欲被阉割者自行离去。如果其态度坚决，就开始动手术。

被手术的人被蒙上眼睛，脱尽衣裤，采用半卧姿势仰倒在床位上，手脚像一个“大”字被绑得结结实实。助手将他的下腹及双股上部用白布扎紧、固定。还需有助手抓牢他的头、肩、膊，压着他的腰——为的是防止他因痛极拼命、流血过多而呜呼哀哉，另外的人则用热胡椒汤把被阉割的部位清洗、消毒。

手术刀是一种呈镰状弯曲的利刃，使用时通常并没有特别的消毒措施，在火上烤一下，便算是消毒了。然后，主刀者即用手术刀进行切除手术。手术完成后，由两名“刀子匠”搀扶被手术的人在房里缓行两三个时辰后，才允许躺卧。

手术后 3 天内不准喝水，据说由于干渴和伤痛，其间必须忍受非常的痛苦。3 天过后才能大功告成。手术做完后，伤口即使能很快长好也不能让它很快长好，而要故意偎脓长肉，这样伤口才能平复。净身与疗养前后需 100 天左右。

当然，李连英毕竟不同于旁人，由于有沈兰玉的关照，李连英是可以直接上手术台的。"小刀刘"给李连英做的手术也是非常顺利的。手术成功后，李连英回家疗养了一段时间。这段时间多长呢？他是怎样度过的呢？他的妈妈是怎样想的呢？

根据《宫女谈往录》的记载，手术成功后，李连英回家疗养了一年时间。这是李连英的妈妈最苦最累的一年，也是和李连英谈话最多的一年。妈妈几乎都是含着泪教李连英怎样为人，怎样处世。妈妈告诫李连英：打人一拳，防人一脚的事，千万不能干；自己吃饱了，也要想着别人。但行好事，苍天不会辜负好心人的；不修这一世，要修你的来世，等等。

4. 太监的另外两种产生方法

另外，还有一种被称为"特殊佣妇"（保姆）的太监制造专家。有些父亲如果决定自己的儿子长大后做太监的话，孩子还在襁褓时，便特意雇请一个"特殊佣妇"来"照看"孩子。"特殊佣妇"兼擅一种特别手术，即轻巧地搓揉婴儿的小睾丸，每天 3 次，每次用力捏到婴儿痛楚啼哭为止，并且慢慢增加力量，这样，渐渐地破坏他的生殖机能，长大后绝不产生生命的元素（精液）。因此，经过这种残忍的手法后，孩子的生殖器便渐渐萎缩，随着年龄的增长，慢慢地显出女性特征，没有喉结，双乳突出，臀部隆起，声音尖锐，行动扭捏，变成了太监的模样。

当然，也有另外的一些办法。有些穷苦人家，付不起或者舍不得 6 两白银的阉割手术费，就干脆大胆蛮干，自己动手阉割。清末有名的大太监小德张就是个典型例子。当然，这样做的结果能够像小德张一样成名的很少。

这些年纪在 10 岁左右的孩子被送进宫里，充当"童监"和"孩监"，那些俊秀的孩子常常得到后妃和贵人的喜爱。

5. 李连英进了郑亲王端华的府邸

从刚才的介绍中，我们可以看出，对于被手术者来说，阉割手术是非常残酷、非常严格的；而对于手术者来说，阉割手术也是赚钱的。

通过前面的介绍，我们可以有下面的一点思考。

既然说这个阉割手术这么赚钱，而“小刀刘”向李连英居然连一分钱也不要，可见这个咸丰皇帝身边的御前总管太监、名字叫做沈兰玉的人的面子得有多大！我们从中也可以看出，这些来自河间府的太监，他们之间有多么团结！

新的问题又出来了：给小小年纪的李连英做个手术容易，可是把这个刚刚入道的小太监李连英放到哪户人家，才能够使他在短期内迅速地出人头地呢？

有的朋友说了，就直接送到紫禁城里不就得了么？为什么还要放到别的人家呢？这您就不懂了吧！这么大点的小孩子，不经过一些必要的培训、不经过必要的实习，就直接送到宫里照顾皇帝？那哪儿行啊？皇宫里的太监可都是培训好了的！

因此，必须要考虑把这个刚刚入道的小太监李连英送到谁家培训、实习合适的问题。而这个问题，不但是这个刚刚入道的小太监李连英和他的妈妈要思考的问题，更是他们的恩人沈兰玉要思考的问题——毕竟，在沈兰玉的心中，除了要思考如何安排小小年纪的李连英的未来之外，还要思考下面的诸多问题。

第一，自己已经这么一大把年纪了，又混到了咸丰皇帝身边的御前总管太监的职位，这个刚刚入道的小太监李连英恐怕永远也不会成为自己的威胁。

第二，自己这么一大把年纪了，可以说是来日无多了，已经到了做一件善事是一件善事的年纪了；再说了，将来万一自己的身体不行了，没有办法为咸丰皇帝服务的时候，自己还有可能依靠李连英的照顾呢。

第三，既然自己已经做了一件善事，那为什么不好事做到底，送佛送到西呢？

这个时候的沈兰玉一边思考着一边想起了一个人来：郑亲王端华！对啊，为什么不把这个刚刚入道的小太监李连英安放到郑亲王端华的府邸呢？

这个时候的小太监李连英，已经不叫自己在家的名字李英泰，当然也不叫作日后的名字李连英，而是改叫李进喜了。

现在的问题在于，这个郑亲王端华到底是个什么人呢？为什么沈兰玉在为刚刚入道的小太监李连英寻找这入道以来的第一份工作的时候，第一个想到的就是郑亲王端华呢？

6. 郑亲王端华的历史

说到郑亲王端华，那话可就远了。郑亲王端华是大清王朝开国皇帝努尔哈赤的弟弟舒尔哈齐的后代，郑亲王济尔哈朗的七世孙。他们家，属于那种因为"军功封"的铁帽子王。

郑亲王的府邸，位于北京西城区大木仓胡同，现为中国教育部办公地。

1826 年，端华被封三等辅国将军；1846 年端华袭郑亲王爵，不久诏授总理行营事务大臣及御前大臣。道光皇帝临终时，受顾命。咸丰皇帝继位后，受到重用。

端华还有个异母兄弟肃顺，也是一个非常厉害的角色。肃顺机敏多谋，敢于任事，颇得奕訢器重，很快升至礼部尚书、户部尚书、内务府大臣。郑亲王端华和怡亲王载垣虽位居肃顺之上，但才智平庸，生性优柔寡断，遇事常由肃顺做主。如此一来，肃顺逐渐握有重权。

现在，我们知道了吧，这个沈兰玉在为刚刚入道的小太监李连英寻找这入道以来的第一份工作的时候，第一个想到的就是郑亲王端华——因为在沈兰玉看来，郑亲王端华为人又好，又有前途，是自己的小同乡可以终身依赖的对象。可谁知道，这却是一个完全错误的决定。

有的朋友说了，您把这个郑亲王端华和他的弟弟肃顺介绍得那么清楚干什么呀？没有必要吧？

可不能这么说，他们可是我们这个李连英的讲座中不可或缺的人物，没有他们，李连英哪能立功受奖、步步高升啊？我们必须把这个郑亲王端华和他的弟弟肃顺介绍清楚，才能知道李连英后来为什么会爬得那么高！

沈兰玉的好意却把李连英推向了虎口。现在，这个名字暂且叫作李进喜的如何去做，才能做到虎口脱险呢？在以后的几讲中会谈到。

7. 李连英的“前途”

这个时候，才 7 岁多一点的李连英，当然，这个时候，他叫作李进喜，他正在那里想着：我一定要好好干，好好伺候俺们爷，那可是朝廷中说一不二的人物，俺也要努力工作，争取将来也能有个好的前途。

说到太监的前途，我们首先要来关心一下他们的工资。据《晚清宫廷生活见闻》记载，太监的俸禄按官衔品级发。四品督领侍每月月银 8 两，米 8 斗，公费制钱 1 贯 300。制钱就是铜钱，乾隆年间 1000 个铜钱 1 贯，相当于 1 两白银，咸丰年间相当于半两白银。五品宫殿监正侍每月月银 7 两，米 7 斗，公费制钱 1 贯 200；六品宫殿监正侍每月月银 6 两，米 6 斗，公费制钱 1 贯 100；六品副宫殿监侍和七品正执守侍每月月银 5 两，米 5 斗，公费制钱 1 贯；七品副执守侍每月月银 4 两，米 4 斗，公费制钱 1 贯；八品侍监每月月银 4 两，米 4 斗，公费制钱 700，副侍监每月月银 3 两，米 3 斗，公费制钱 700。无官衔品级的太监，俸禄按三等发；一等每月月银 3 两，米 3 斗，公费制钱 600；二等每月月银 2 两 5 钱，米 2 斗 5 升，公费制钱 600；三等每月月银 2 两，米 2 斗，公费制钱 600。

这些待遇在当时来说是较低的，但发了迹的太监不靠这些生活，而在于谋取额外收入。如接受门银（进门要钱），接受赏赐，接受官员的贿赂，等等。

不要小看这些门银、赏赐和贿赂，很多的。根据《太监史话》记载，日后发达起来的李连英一次就接受李鸿章贿银 10 万两，袁世凯贿银 20 万两。1900 年李连英随慈禧太后逃往西安，各省赠送慈禧的礼品照例送他一份。因此，他仅在宫中的银两就达 300 多万两。当然，这个时候的李连英还没有那个本事。

因此，这肯定是后话。虽然这是后话，但我们要说，这个时候这个名字叫作李进喜的小太监，的确正在做着他的发财梦。

说到太监的前途，我们第二个就要关心一下太监的工作了。这些，李连英虽然不是将来每日每时都要做，但是每日每时都要会做——这可是真的。

8. 李连英要学习的“功课”

宫里的规矩礼法极多，学好这些，并不是一件容易的事。

首先要明称呼。按宫里的习惯，太监把皇帝称作万岁爷，把太后称作老佛爷，把妃、太妃、皇太妃都要称作主子。至于太监们彼此的称呼，同辈的互称爷，姓张的张爷，姓李的李爷，低一级的把高一级的称作师爷。太监们不喜欢人们把他们直称太监，如果把他们叫作老公，那简直是骂他们八辈祖宗，这一套称呼是一定要记住的。

忌圣讳，这在宫里是一件最要紧的事。不单是与万岁爷的名字同音的字不能上口，太后、太妃的名字也一样。这些应避的字音是要牢牢记住的。比如，慈禧时候的太监小德张，本来他的名字叫春喜，因为隆裕皇后的小名叫喜哥，“喜”字犯了圣讳，小德张就被改名叫恒大。此外，紫禁城里是不许讲丧气话的，凡不吉利的话，就是在私下里也不许说。

学习跪拜礼。遇皇上的生日万寿节、春节、冬至节三大节日时，要对皇帝行三跪九叩的大礼，谢恩、谢赏的时候也要行三跪九叩的大礼。三跪九叩就是双膝着地，叩头三次；连续三回，共叩头九次。给主子请安、回话时，跪的是双腿安，即两条腿先左后右地跪下去，身子要挺直，摘下帽子，放在身右边。为了表示感谢浩荡的天恩，有的时候还要把头往地上撞，撞出声音来，这就是俗语说的叩响头。还有单腿安，这是用来对待上司或者品级比自己高一些的人的。每逢值班，无论是站在主子身边或者在廊檐下听候吩咐，都得笔直地站在那儿，两只手紧垂在身子的两旁，要像庙里的金童玉女塑像一样，纹丝不动。这些礼法学不到家，首领太监是不会提拔的。

回主子或者顶头上司的话也有一定的规矩，第一要熟练的是上边的吩咐一入耳就得明白，即不能向上边要求再吩咐一次或者解释一遍。第二是要用“嗻”来表示自己领会了吩咐，不能用“嗯”“啊”一类的字眼。

给上边请安，虽然是个俗套子，但是也得学。比如“吉祥”这句话是用在日常问安上，“进得好”是用在饭后的问安上。

当师傅的并不是按什么计划来教太监，毫无系统性。关键是要随时注意，随时学习。等待一朝被看中挑上去，比如到御前或者某一个宫里，那时候还要拜那里的顶头太监作师傅，继续学。

比如斟茶、倒水、摆膳、递东西，不能一下子拿过去就算了事。第一，不能捧在太监自己的脑前递，必须把东西捧在身子前边，同时又得把身侧过去。第二，不能捧得过低或过高，高度大约在太监自己的眉心处。

服侍上边穿衣服，有专管御衣的太监按季节准备。可是直接服侍的太监也得记清楚，而且主子的胳膊、腿不能随着服侍人的意思动弹，要让主子在穿着的时候一点不觉得别扭。这也是太监必须学习的内容。

膳房里有荤局、素局、点心局，哪一宫、哪一个主子每天都有一定的进献样数。传膳声一下，取膳的太监不能慌，要按大太监的号令从膳房的转动架上往下取，取错了是不行的。

跟主子到哪一宫去，或者到什么地方去散心，除了主子身旁的两名太监随在左右搀扶之外，其余的要随在身后，捧着应携带的东西。如果主子坐轿出去，扶轿轩的、随轿的，都要走一定的步伐，起轿、落轿、搭帘子也得小心谨慎。

晚上坐更，白天站班，尽管什么事也没有，太监也不能擅离职守。如果皇帝召见哪位大臣，圣旨传下来，太监得准确地往下传："带某某大臣……"大臣或王爷被带上来之后，太监得放下帘子，赶紧躲开，站到既听不到室内的谈话，却又能听到主子命令的地方去。

学习宫中的规矩礼法，要凭太监自己的心计，师傅从不讲明要点，也很少指点，要太监自己去琢磨，或者太监自己私下去演习。但是师傅很注意检查太监的现实活动，如果太监在哪一方面有错，轻则狠狠地挖苦一番，重则被打巴掌。徒弟挨师傅打，非但不能争辩，还得说师傅的好话，脸也不能往左右躲闪。至于出了大错，挨板子、关禁闭是常事。

就在李连英一边做着他的发财梦一边努力学习“功课”的时候，我们不得不很严肃地正告他：别做梦了！天大的危险都已经来临了。

第五讲 虎口余生

1. 咸丰年间中央政权内部存在的三大矛盾

问题在于，这个小小的太监李连英，他能遇到什么天大的危险呢？天大的危险来自何方啊？完全不知道已经处于天大危险之中的他，又如何能够躲避这种天大的危险呢？

说到小小的太监李连英所遇到的天大的危险，话还要从大清王朝咸丰年间中央政权内部存在的三大矛盾说起。

我们知道，在咸丰年间，中央政权内部，一直存在着下面三种势力：以怡亲王载垣、郑亲王端华和端华的异母兄弟、礼部尚书、户部尚书、内务府大臣肃顺为首的朝臣势力；以恭亲王奕䜣为首的帝胤势力；以皇后钮祜禄氏、懿贵妃叶赫那拉氏为首的帝后势力。

这三大势力的矛盾是非常深的。问题在于，他们之间的矛盾是怎样产生的呢？我们还要从“肃党”的形成说起。

2.“肃党”的形成

在我们通常所说的朝臣集团中，从家庭出身来看，应该是以怡亲王载垣、郑亲王端华二人最为尊贵。

关于郑亲王端华，我们在前面曾经介绍过了。现在我们简单了解一下这怡亲王载垣。大清王朝的第一代怡亲王是雍正皇帝的坚定支持者、康熙皇帝的第十三子胤祥，而现在的这个怡亲王载垣正是这第一代怡亲王胤祥的后代：胤祥—弘晓—永琅—绵标—奕勋—载垣。

但实际上，朝臣集团的真正领袖却是郑亲王端华的异母兄弟、礼部尚书、户部尚书、内务府大臣肃顺。

在历史上的记载中，肃顺长期被指为“奸臣”一类人物。这主要是因为他在慈禧太后和恭亲王奕䜣发动的“辛酉政变”中被杀，而历史总是由胜利者来写的。其实，肃顺是晚清贵族中少有的干练之才。

不过，我们要注意的是，刚才我们说到肃顺是“晚清贵族中少有的干练之才”，其实也不是他一开始从政就具备的。他的能力也是在长期的工作中逐渐显现出来的。别人不用说，就是道光皇帝就非常看不上肃顺——当然，那个时候的肃顺也确实没有什么本事。因此，肃顺在整个道光朝并无显赫地位与官职。直至1850年道光皇帝去世，他才迁至内阁学士兼礼部侍郎。

问题在于，这样一个在整个道光朝都没有显现出才干的人物，他是从什么时候才开始显示出才干的呢？他又是怎么成为朝臣集团的领袖的了呢？话还要从道光皇帝的去世说起。

1850年，随着道光皇帝的去世，怡亲王载垣、郑亲王端华，都曾受遗诏顾命，辅弼新帝咸丰。这两位亲王虽爵位高、资格老，但政治才能一般，遇事少主见，汉文功底也不大好，在朝政中难以发挥真正的政治作用。

这个时候，肃顺就开始显示出了他的才干了。这个时候的肃顺，他有哪些才干呢？

这个时候的肃顺，他的品行与能力，可以简单概括为以下六点：无赖但却率真、疏学但却有识、做事果断不妥协、拥权且跋扈专行、博闻而且强记、用人极少民族偏见。下面我们简单介绍其中的两点。

第一，博闻而且强记。

根据费行简（笔名沃丘仲子）所著的《近代名人小传》"自称无赖"条记载，肃顺"接人一面，终生能道其形貌；治一案牍，经年能举其词"。看看，什么功夫！

第二，用人极少民族偏见。

肃顺为政很有识见，身为皇室贵胄，却十分鄙视满洲亲贵的庸碌。根据黄浚所著的《花随人圣庵摭忆》记载，肃顺常说："满人糊涂不通，不肯为国家出力，惟知要钱耳。国家遇有大疑难事，非重用汉人不可。"虽然肃顺这里所说的"满人糊涂不通"有些极端，但也在某些方面说出了一点事实：当时满人当官的百分比已经远远超过了其他所有民族了，所以，也的确有一些官员是不称职的。

关于肃顺用人极少民族偏见的例子，最具代表性的就是他保举左宗棠一事了。

左宗棠这个人，熟悉的人都知道，他一生做了三件大事：一是镇压太平天国运动；二是举办洋务运动；三就是收复新疆。但是，您知道么，如果没有肃顺的大力保举，他早就死掉了。

事情发生在左宗棠接受湖南巡抚张亮基的邀请，入巡抚衙门主幕戎机的时候。

有本事的人大多生性傲慢，瞧不起平庸的人。永州镇总兵樊燮到巡抚衙门办事，左宗棠给他冷板凳，还用言语嘲讽他。樊燮哪能受这窝囊气，一状告到京城，说左宗棠是"劣幕"。咸丰皇帝也很气愤，下令要湖广总督官文处理此事，若属实则将左宗棠就地正法。官文窃笑，樊燮告状就是他的一手策划。湖广总督官文早就想杀鸡给猴看，杀了"劣幕"左宗棠，可以借此打击日益强大的汉人势力。

此事在湖南震动极大，因为此时左宗棠已成了湖南政界的轴心人物，一时间，朝野的湘籍官员纷纷上保。1860 年初，翰林院侍读学士潘祖荫上书朝廷说："国家不可一日无湖南，即湖南不可一日无宗棠也。"还说他个人去留无足轻重，而湘勇不仅保住了本省，还支援了周边地区，所向无不捷，固然是骆秉章调度有方，实则由左宗棠运筹决策。如果左宗棠走了，整个东南大局也就完了。

清廷权衡了一年。这一年，正是在肃顺的大力保举下，咸丰帝最后不但没治左宗棠的罪，反而授左宗棠四品京官。左宗棠经此一劫之后，全力以赴为朝廷"办贼"。左宗棠仅用 4 年便从平头百姓做到闽浙总督，成为与曾国藩平起平坐的人物。

正因如此，在载垣、端华等人的援引下，从 1854 年起，肃顺很快得到咸丰帝的信任与重用：做了都察院左都御史、理藩院尚书、礼部尚书、户部尚书等官。

随着肃顺权势的膨胀，在他周围逐渐聚集了一批官员，到 1860 年左右，基本形成了以肃顺为核心，包括怡亲王载垣、郑亲王端华、军机大臣穆荫、匡源、杜翰、焦佑瀛等人在内的官僚集团，时人称之为"肃党"。此外，还有在肃顺的门下集聚的一批有才华的汉族"文士名流"，如郭嵩焘、龙湛霖、王闿运、邓辅纶、尹耕云、高心夔、李篁仙等七人，时人称为"肃门七子"。

肃顺以其突出的政治才干和敢作敢为的做事风格乘势而起，成为对咸丰朝朝政产生重大影响的灵魂人物和铁腕人物。

不要觉得我介绍肃顺是纯粹跑题啊，这些内容可与日后的李连英有非常非常大的关系哟！因此，关于肃顺，我们还要再多介绍一些背景资料。

3. 肃顺改革

肃顺进入最高统治决策集团以后，在咸丰皇帝的支持下，针对清政府存在的诸多弊端，进行了一些重大的整顿改革。这些较为重大的整顿改革的措施主要有这么几个方面。

第一，重用汉人。在当时的满洲贵族中，肃顺独具眼光，知人善任，敏感地意识到起用汉族官员的迫切性，他的主张影响了咸丰帝的决策，使清朝的政治格局发生明显变化。在镇压太平军的过程中，肃顺极力主张破除满汉畛域，放手任用汉人领兵握符，建立湘军等地方武装。曾国藩、左宗棠等汉族“中兴名臣”，都是经他推荐提拔的。因为他器重汉人，引起满族亲贵对他的嫉恨，并在以后为此而付出了重大的代价，成为“辛酉政变”的一个重要助因。

第二，从严治政。肃顺从严治政的典型案例就是查处“户部钞票舞弊案”。

根据《清史稿》记载，鸦片战争以前，清廷国库历年多有结余积储。1781 年户部存银多达 7000 余万两，就是到了 1850 年户部存银虽大为下降，但也还有 800 余万两。但太平天国起义爆发后，由于军费开支猛增，1853 年时，户部仅存银 22 万余两。为了解决财政危机，清廷采取了诸如加捐加税、开征厘金、盐斤加价等措施，其中最为恶劣的做法即是滥发纸币、鼓铸大钱。

清廷在发行纸币、鼓铸大钱之时，没有必要的白银储备，因而造成这些货币信用低下，民间普遍不愿使用。清政府设立宝钞处及官钱局强制发行。其间，许多商人与户部官员相勾结，从中舞弊贪污。时任户部尚书的肃顺下令查账，结果查出数桩贪污案，清廷的一些包括恭亲王奕䜣在内的重要官员皆牵涉其中。

就在肃顺等人查办此案之时，户部忽然失火，而且延及礼部。肃顺认为，此次户部舞弊案尚未查清之际，户部突然失火，很可能是有人欲借此毁灭相关的账目，以图自保的人为纵火，因而加快了审查的速度，加强了审问的力度。

最终，查出赃款多达千万两之多，为此而被抄没家产的商人及与之勾结的官吏多达 100 余家，数百人因此而受到处罚。前后两任户部汉人尚书翁心存（晚清重臣翁同龢的父亲）、周祖培皆因此案而受到降职处分。翁心存辞官。周祖培则与肃顺结下了不解的宿怨深仇。

无论肃顺在政治上的目的是什么，效果如何，但他在从政期间，树敌过多，招怨于商人，这是毫无疑问的。这也是他日后政治斗争失败的重要原因之一。

第三，诛杀老臣。咸丰皇帝在肃顺等人的赞辅之下，将前朝重臣文华殿大学士、军机大臣穆彰阿革职；同时道光朝的另一重臣武英殿大学士耆英被赐自尽。而正是这耆英的死，把肃顺与奕䜣的矛盾，推到了风口浪尖之上。

4. 耆英之死

事情的经过是这样的。1858 年夏，英法联军占领天津，京师震惊。咸丰皇帝急忙再次命令耆英协同先期到达的桂良、花沙纳与英法议和代表谈判。

但英法议和代表不但不对耆英抱有任何好感或信任，反而对其表示出特别不满与鄙视。原因是他们攻占两广总督衙门后，缴获了一些清廷官方档案，其中即有耆英向清帝报告其如何欺蒙、敷衍、控驭“外夷”的奏折。在议和过程中，英国人拒绝与耆英会面，并拿出耆英的奏折交给桂良、花沙纳等阅看。当时耆英被搞得狼狈不堪，窘困异常，无法继续参与对外议和谈判，便离开天津返回北京。

耆英在未获皇帝允准之前，擅自离开天津返回北京。咸丰皇帝闻讯后大怒，以耆英于大局未定之时，“不候旨擅自回京……实属自速其死”，命僧格林沁将耆英锁拿进京，由恭亲王奕䜣、惇亲王奕誴会同大学士、六部九卿共同审讯耆英。

恭亲王奕䜣等人奏请咸丰帝，将耆英定为绞监候。但时任理藩院尚书的肃顺则从振刷政治的角度出发，上奏咸丰帝：耆英的供词多为巧饰之词，并无不可在奏章内奏陈的机密之事，显然是“居心巧诈”，对于这样的畏葸无能者，应即行正法，以儆官邪而申国法。最终，咸丰皇帝下令耆英自尽。

发生于 1858 年的“户部钞票舞弊案”和“耆英擅离职守案”大大激化了以肃顺为首的朝臣集团与以恭亲王奕䜣为首的帝胤集团的矛盾。我们当然知道这三大势力最终较量的结果是以朝臣集团的失败、以帝胤集团和帝后集团的联合胜利而告结束。也正是因为如此，我们才说，沈兰玉把刚刚入道的小太监李连英送到了郑亲王端华的家，就等于是他沈兰玉亲自把自己的同乡李连英推向了虎口！

从 1854 年起就一直在肃顺的胞兄郑亲王端华家里面当小太监的李连英，他知道上述这两个集团的矛盾已经到了你死我活的地步了么？您想啊，如果这两个集团的矛盾真的突然之间爆发的话，别说家里的大人了，就连这小小的太监，想虎口脱险，也是难啊——最好的结局，也就是卖到边疆永世为奴而已！

现在的问题在于，李连英是否知道他目前所处的危险境地呢？李连英如何去做，才能够做到虎口脱险呢？那个时候的李连英，在干什么呢？

5. 纯属意外的虎口脱险

要说这个时期的李连英，这话可就长了。他呀，早就离开了郑亲王端华的府邸了。这就怪了事了，这个时期的李连英为什么在郑亲王端华的府邸干得好好的，突然之间就离开了郑亲王端华的府邸了呢？是不是他已经感觉到了那有着浓浓杀气的地方已经完全不适合自己的生存了呢？

您想啊，那么大点的一个孩子，他懂得什么危险的临近啊？因此，我们说，这个时期的李连英，他根本就不知道他自己已经处在危险之中了。

人不知道自己所处的危险境地就不可能主动地完成自救工作。问题在于，谁能够成为李连英生命中的救星呢？他是怎样离开这郑亲王端华府邸的呢？

这让我想起了一句俗话：解铃还须系铃人。这唯一能够解救李连英性命的，当然也只能是前面我们曾经介绍过的，将李连英领上太监之路的李连英的同乡、咸丰皇帝身边的御前总管太监沈兰玉！

您想啊，小太监李连英不可能知道以肃顺为首的朝臣势力与以恭亲王奕䜣为首的帝胤势力之间的矛盾，但是咸丰皇帝身边的御前总管太监沈兰玉可一定是非常清楚他们之间的矛盾的呀！他不可能见到自己亲自领入宫门的小太监李连英处在危险之中而不管不顾吧？他肯定是要管的。

如此危险的状况，沈兰玉可怎么管啊？说起来，沈兰玉抓住了一个纯粹非常偶然的机会，迅速使小太监李连英脱离了险境。

沈兰玉抓住一个什么机会，不但使小太监李连英迅速离开了险境，而且还使小太监李连英迅速地立下了赫赫战功，最终促使李连英得宠于慈禧太后呢？

我们说，就在完全不知道水深水浅的李连英还被蒙在鼓里的时候，咸丰皇帝身边的御前总管太监、李连英入宫的大恩人沈兰玉很快意识到了自己的小同乡面临的危险，于是他决定，一定要想千方、设百计地把李连英救出来，让他虎口脱险！

沈兰玉抓住了一次什么机会呢？话还要从李连英 9 岁那年说起。

1857 年，正好赶上一年四次的各个王府向紫禁城里敬献“见习”期满、培训合格的小太监的机会。本来呢，这个郑亲王端华府上，也按照以往的规矩，向皇宫里面送去了一些，其中恰好有一个小太监却因故未到！

这向紫禁城里敬献的贡品，缺了一个可不好交代啊？怎么办呢？

可巧，替皇上办理这件事情的恰好就是咸丰皇帝身边的御前总管太监、李连英入宫的大恩人沈兰玉。这个时候的沈兰玉灵机一动，何不趁此机会，把自己的小同乡带入宫里呢？于是，沈兰玉就向郑亲王端华索要这个刚刚 9 岁的、名字应该叫作李进喜的孩子——实际上，这个孩子就是我们后来人所共知的李连英！

您看，这不，李连英不就非常顺利地脱离了危险境地了吗？

6. 李连英名字的由来

不过，话说到这里，我们还要区分一个流传甚广的讹传。什么讹传呢？

您看，一般人在讲这段故事的时候都会说，那个郑亲王端华府上送进皇宫的因故未到的太监，他本来的名字是叫作李连英的。正是因为这个真正的李连英没有到，所以才被本来叫作李进喜的假李连英钻了空子。而且这个假李连英，后来还真就改了名字——就叫李连英了。还说这就是日后闻名中外的大太监李连英的名字的由来。

这个故事就是我们要说的以讹传讹了。李连英的名字，还真的不是这么来的！

李连英的名字，到底是怎么来的呢？

其实，这个名字叫作李进喜的小太监，进入宫里以后，他的名字一直是叫作李进喜的。直到 1864 年 5 月，他调入长春宫在慈禧太后身边服役，才正式改名为李连英，字乐元，号灵杰。不过，我们在后面的内容中，还是管这个孩子叫李连英，大家听着方便些——虽然有些不准确。

有的朋友听出来了，这个李连英，从 1857 年进入宫里以后，直到 1864 年 5 月的这段时间里，曾经换过几份不同的工作。可问题在于，这个李连英为什么要频繁地换工作呢？他都在哪里工作呢？

这个呀，我们还得从皇宫里的老规矩说起。

7. 入宫伊始之拜师学艺

按照这皇宫里的老规矩，一个小太监，入了皇宫之后，就得算旗人了。无论如何，也得属于一个什么旗。还好，幸运之神还算照顾他，让他属于了这个镶黄旗。另外呢，皇宫里的规矩多，新来的小太监一时半会儿还不能适应。所以啊，新来的小太监还要拜个师傅。

有的朋友说了，那就直接由沈兰玉当他的师傅得了，又是同乡，又是恩人，又是皇宫里面数一数二的大太监——咸丰皇帝身边的御前总管太监——还威风，那多美啊，是不是？

您想得好，那哪能成啊？人家沈兰玉可是咸丰皇帝身边的御前总管太监，人家的工作得有多忙啊？人家哪里有工夫带这么点儿大的一个小太监啊？把你带进宫里已经算是你们家积德行善的结果啦，不知道哪辈子修来的福分！还想着让人家沈兰玉当你的师傅？得了吧，别做梦啦！

看来，这拜沈兰玉为师学艺是不行了。可你沈兰玉也得帮人帮到底，送佛送到西啊？得给新来的小太监找个好一点的师傅不是？那，当然了，沈兰玉给李连英找了一个非常好的太监为师，这个太监的名字叫作刘多生；此外，还让当时已经开始得宠的安得海当他的师哥，负责具体教习李连英学艺。

一般人听到这里的时候，心里面一定会想，这安得海我可熟，那人，有本事！可这刘多生是谁啊，沈兰玉为什么要让他担任李连英的师傅啊？

诸位可不要小瞧了这个刘多生哟，他可是非常有本事的一个人，而且他跟李连英日后的发达还有着非常非常密切的关系。在某种程度上说，如果没有他的教育，这个李连英肯定没有日后的辉煌！如果，我们把李连英比做千里马的话，那刘多生就是调教千里马的驯马师！

这个刘多生到底有多大的本事呢？他能把李连英教成什么样呢？下回分解。

第六讲 入宫伊始

1. 同治皇帝时期的二总管刘多生

刘多生也是直隶河间府人，只不过他是直隶河间府东光县人，早年入宫。他在宫里的位置，那可是仅次于沈兰玉的数得着的几个受宠的大太监之一。

咸丰年间，刘多生已经是紫禁城三大殿掌管玉玺的首领太监了。刘多生成为李连英的师傅，就是在他掌管玉玺的首领太监时期的事。当然，在后面的内容里面，我们可以知道，他因为在“辛酉政变”中有功，迅速升迁为二总管，可见其受宠的程度。另外，这个刘多生还有个大弟子，名字叫作安得海。这个安得海也就是李连英的师哥，日后安得海的惨死给了李连英很大的影响。

不过，要说起刘多生的受宠来，那可跟别的太监受宠完全不一样：无论是方式上，还是程度上，一般的太监，可都比不了刘多生。而且，刘多生的受宠，不但跟道教、跟北京地区的旅游景点有很大关系，还跟李连英日后的发迹、跟李连英日后完全不同于安得海的命运，有着非常密切的关系。因此，我们必须简单介绍一下刘多生的发迹和受宠。

太监刘多生与北京的道教关系可谓非常地密切，他参与修建或重修的道观有白云观、宏恩观、妙峰山娘娘庙、立马关帝庙等二十多座。因为时间的关系，我们这里只是简单介绍一下他与白云观、妙峰山娘娘庙的关系。

道教全真龙门派崇奉元代长春真人丘处机为祖师，后世全真道徒咸尊称他为“丘祖”，龙门派传承到第十九代“宗”字辈，出了位高道名叫张宗璿（亦名张圆璿，字耕云，号云樵子）。据《太上律脉源流》中说，他是山东登州府福山县（今天山东烟台）人氏，自幼慕道，在山东莱州即墨崂山三官庙出家。曾在江南天宝观常住，旋移南阳玄妙观。1867 年，他应北京白云观道众之请，升座为该观第十九代方丈，开坛传戒。1870 年，他又再次在白云观开坛传戒，其受戒弟子中便有皇宫大内副总管、太监刘多生，刘多生受戒后为白云观第二十代法裔，法名刘诚印，号素云道人。张宗璿方丈另一受戒弟子云蒙山高仁峒（云溪），时亦住白云观中。

刘多生为何要与这道教的圣地白云观发生关系呢？这还与慈禧太后有关呢！

谁都有妈不是？慈禧太后也有妈。谁的妈妈都会老去不是？这慈禧太后的妈妈也会老去。话说 1870 年前后，慈禧太后的妈妈故去了。在慈禧太后的妈妈下葬前，这棺椁就暂时存放在白云观。

据《太上律脉源流》记载，太监刘多生因料理“皇姥姥殡”事，遂与张宗璿方丈及高仁峒等结识并交往。张宗璿方丈与刘诚印（多生）的师徒关系及高仁峒与刘诚印的师兄弟关系便于此时建立。

不过，话说回来，我们由刘多生负责料理“皇姥姥殡”事也可以看出，刘多生在慈禧太后心目中的位置之重要，也能看出沈兰玉给李连英找的这个师傅是非常优秀的，还能从侧面看出沈兰玉本人也是非常照顾自己的小同乡李连英的。

按白云观传戒律师传承，同治、光绪年间第十九代传戒律师为张宗璿；第二十代则为高仁峒。高仁峒升座白云观方丈后，刘多生屡充白云观护坛化主，曾“输资巨万，道众咸仰食焉”（见现存白云观祠堂院内高仁峒作《刘诚印墓志铭》）。

刘多生对白云观的奉献不可谓不大，而白云观给予刘多生在道教的荣誉也很高。正是这位誉满北京白云观的太监刘多生，于1884年秋，张宗璿方丈从南阳玄妙观再次来北京白云观授戒传法之时，在高仁峒（云溪）的支持下，倡议开创了“龙门岔支霍山派”。以公众的名义，叩请愿遵“宗”字为第一代号。实际即尊“丘祖”为祖师，张宗璿方丈为该派第一代宗师，刘多生本人则为第二代宗师。

此后的太监，名正言顺地有了自己的道派，当然都可以受戒而为该派法裔了。如活到中华人民共和国成立后的太监边法长（曾住兴隆寺），在1927年便曾在白云观受戒；受到太监刘多生的影响，李连英本人和他的很多后裔也属于霍山派道徒。

此后，刘多生为了扩大道教的声势，曾先后捐募白银2万1千多两，在白云观传戒3次，受戒者达到1100多人，宫里有许多宦官都受了戒。刘多生还自捐白银3600多两购良田15顷，作为白云观的香火之资。据统计，在北京城郊共有明、清时代的宦官寺观26处，刘多生一派即建有20处，其中以地安门鼓楼后娘娘庙胡同的鸿恩观、北海东夹道的素云观和蓝靛厂立马关帝庙规模最大，香火也最盛。

现在的问题在于，这个刘多生、李连英等众多太监为什么非得要信仰道教呢？

2. 太监信仰道教之谜

（1）非常现实的原因在于，古代的宦官大多是穷苦人家出身，是为生活所迫而走上这条道路的。他们在年轻力壮时执役于宫廷，温饱当然不成问题，然而一到年老力衰，失掉服役能力之后，都要被驱逐出宫的。这些人除了服侍人之外，并不具备自我谋生的能力，而且在通常情况下，他们也没有一个安身立命之所。因为宦官在社会上的地位是卑贱的，家族中出了一个不男不女的“老公”，是整个家族的耻辱，死后也不许入祖坟。有的宦官则是从小被人拐卖出来的，连自己家在何处也无从知晓。基于此，宦官们大多在年轻时便积蓄钱财，购房置地，或捐钱寺观，以备晚年有个栖身之所。

（2）由于寻求心理上宗教慰藉与生理上有缺憾的情感，对长春真人丘处机和明初高道邱玄清怀有敬仰与寄托精神的依托之情。这种情感，转化为宗教观念，只能隐藏于心而难以表白于口。而长春真人丘处机一生修持严谨，清静绝欲，堪为楷模；明初高道邱玄清曾拒绝帝王所赐美女，誓志苦修而自阉（见《白云观志》）。这两位超凡的苦修者，都曾住持北京白云观，深受道众崇敬，故而太监对白云观情深意重。而苦难的社会给予太监们的惨痛遭遇，使皈依全真道并开宗立派的太监们，聊可扬眉昂首于道士之列；用宗教超凡、神秘的绣帷来衬托其人格的庄严，并求得精神支柱与归宿。

（3）另外，大多寺观也是希望年老宦官将其作为退养之所的。这一方面是因为宫里宦官基本上都有积蓄，另一方面则因宦官与皇亲国戚、高官显宦都有关系，寺观里收容几个过去稍有权势的宦官对于寺观自身而言有益无害。再是有权势的宦官出宫后，还可以用僧道的身份与显要人物接近，而且他们身为阉人，同显要的内眷接触更方便，更让显要们放心。如此一来，寺观的发财之道就更多了。

（4）在清代，道教宗派林立，或续谱，或创立岔派分支，时有发生，以白云观而论，在同治年间便有房山县城隍庙道士来观，同众议创马祖（丹阳）岔派分支“遇山清微派”。刘多生受启发，仿效为之。

有朋友说了，一个太监信仰道教算得了什么呢？还值得这么认真分析？您可不要这么说，我们刚才这段分析真是很有用的，尤其是对于日后的李连英来说。

3. 刘多生与妙峰古香道

说起刘多生来，我们还要纠正北京地区著名的“妙峰古香道”的解说词的错误。

妙峰山的娘娘庙在 20 世纪 30 年代以前，在京津一代相当有名，每年庙会期间都有好几万人来此进香，因此，“妙峰古香道”就成为旧时人们去妙峰山进香的主要道路。古香道穿越阳台山自然风景区，从海淀区的北安河村到妙峰山的娘娘庙，全程共 40 里。妙峰古道原是土路，崎岖难行。

下面的内容诸位朋友们可听好了，出错误了。

清同治年间，慈禧太后要去妙峰山进香，为讨好慈禧太后，太监刘诚印以素云道人名义，于光绪十八年(公元 1892 年)会同安得海出资重修此道，道宽 7 尺，用当地天然石板砌成层蹬，动用大批工匠，遇山开路，遇水架桥，工程非常艰巨。每铺一块就得用银一两，至此“金阶”之名不胫而走，名播京津。山上的娘娘庙，每年农历四月初一到十五办庙会，采风尝小吃是朝山进香后的又一选择。

上面的这段解说词，一个地方不准确，两个地方错误。

先说简单的，不准确的地方。“太监刘诚印以素云道人名义”，太监的名字叫作刘多生，他的法名叫作刘诚印，道号素云道人。不是谁以谁的名义。

再说不简单的，错误的地方。时间和人物的错误。

很简单的事情是：前面说了是同治年间慈禧太后要去妙峰山进香，后面又说为讨好慈禧太后，太监刘诚印于光绪十八年（公元 1892 年）会同安得海出资重修此道。这都什么和什么呀？这马屁也拍得太晚点了吧。

同治皇帝于 1861 年 11 月即位，于 1875 年 1 月死去。我们所说的同治年间则是 1862 年—1874 年。您看看这慈禧太后在 1874 年以前就想去妙峰山进香，可是这太监刘诚印于 1892 年才会同安得海出资重修此道。这中间可差着至少 18 年呢？

再说了，这安得海 1869 年就死掉了。怎么这个太监刘诚印居然还能在 23 年以后的 1892 年会同安得海出资重修这“妙峰古香道”？

事实是怎么样的呢？的确是同治年间慈禧太后要去妙峰山进香，也的确是后来为讨好慈禧太后，太监刘多生会同安得海出资重修这“妙峰古香道”——但不是光绪十八年（公元1892年）。

那，这错误是怎么来的呢？这简单！记载这件事情的碑刻是在光绪十八年（公元1892年）立下的。人们光看见碑刻的结尾处的碑刻时间了，没有看到这块碑刻所记载的内容是在1869年以前！现在，我们还是回来继续说李连英。

前面我们讲到，这个时候的李连英按照老规矩认了镶黄旗，拜了紫禁城三大殿掌管玉玺的首领太监刘多生为师，由太监安得海教习学艺。

这个时候的李连英虽然只有9岁，但已逐渐懂得了做太监之道。他凭借着自己的机灵与勤快，不但得到了师傅刘多生的喜爱，也得到了其他太监们的喜爱。他获得了很好的口碑。终于，皇天不负有心人，幸运之神向他张开了双臂。

4. 入宫伊始之奏事处当差

根据档案记载，李连英入宫之后，先在奏事处当差；到1860年5月，调到东路东六宫之景仁宫；再到1864年5月，调入长春宫，在慈禧太后身边服侍。

有的朋友说了，您这个说法不但新鲜，还很有特色。东六宫之景仁宫的地点我是知道的，问题在于，这个奏事处在哪里呢？我怎么不知道啊？

您不知道啊？您问我，这个紫禁城里面的奏事处在哪儿啊？告诉您吧，这个地方，现在的名气可比原来更大、更火、更加会引起广大朋友们的关注，它的具体地点，就是2007年闹得很凶的故宫里军机处对面的、景运门边上的那个星巴克所在地。

不要小瞧这个奏事处哟！这个地方可是见证了大清王朝的很多事情哟！

有清一代自雍正朝之后，军机处成为政令上下的枢纽，历朝的军机大臣无论序次，都是位高权重人臣极致了。但事情总有两面，离皇帝越近政治风险越大自不待言，做军机的辛苦更是叫人吃不消，常常凌晨两三点就要进紫禁城由东华门、景运门到达军机处值班。军机处虽是重地，外表却很不起眼，仅是在乾清门广场的西北，隆宗门边上的一排平房而已。军机处对面，景运门边上则是奏事处。奏事处—军机处—养心殿东暖阁，本来是清朝万里江山政治决策的最核心地带，现在成了游览故宫由前殿到内廷之间的人们歇脚休憩填饱肚子的所在。

雍正皇帝的时候，全国共有 1200 人左右有直接向皇帝上奏折的资格。有直接向皇帝上奏折资格的人，可以不通过内阁、不通过议政处而通过奏事处直接到雍正皇帝那儿，雍正皇帝再把批示通过军机处直接发还到上奏折者本人。奏事处和军机处合在一起，极大强化了皇权。

我们从前面的介绍可以看出，入宫伊始的李连英就有了份好的工作。不过，这样的日子，与李连英日后的发迹，到底有没有关系呢？

不过，话说到这里，我们也就知道了，那些所谓的什么李连英入宫之后直接进入储秀宫专门伺候懿贵妃的说法也纯粹属于子虚乌有。

注意，这里的懿贵妃也就是我们后来所说的慈禧太后。

不过，要说这 1857 年前后的慈禧太后与李连英是否有什么关系的话，也只有下面的一个纯属偶然的巧合：1857 年，李连英进入宫里，在奏事处当差；与此同时，还不叫作慈禧太后的这个女人，因为在 1855 年怀孕，1856 年 4 月 27 日生下皇子载淳，因母以子贵而在 1857 年被封为懿贵妃。

一个是1857年进入宫里，另外一个是1857年被封为懿贵妃。仅此而已！

现在的问题在于，入宫之后的李连英先在奏事处当差，1860 年 5 月又调到东六宫之景仁宫当差。这对于李连英来说，到底是升迁了呢，还是被贬职了呢？

5. 当差景仁宫

话还要先从景仁宫说起。景仁宫，内廷东六宫之一。1420 年建成，初曰长安宫；1535 年，更名景仁宫。清代沿用明朝旧称。宫为二进院，正门南向，名景仁门，门内有石影壁一座，传为元代遗物。前院正殿即景仁宫，面阔5间，黄琉璃瓦歇山式顶，檐角安放走兽5个，檐下施以单翘单昂五彩斗栱，饰龙凤和玺彩画。明间前后檐开门，次、梢间均为槛墙、槛窗，门窗双交四椀菱花槅扇式。明间室内悬乾隆御题“赞德宫闱”匾。天花图案为二龙戏珠，内檐为龙凤和玺彩画。室内方砖墁地，殿前有宽广月台。东西有配殿各3间，明间开门，黄琉璃瓦硬山式顶，檐下饰以旋子彩画。配殿南北各有耳房。

景仁宫后院正殿5间，明间开门，黄琉璃瓦硬山式顶，檐下施以斗栱，饰龙凤和玺彩画。两侧各建耳房。殿前有东西配殿各3间，亦为明间开门，黄琉璃瓦硬山式顶，檐下饰旋子彩画。院西南角有井亭一座。此宫保持明初始建时的格局。

景仁宫明代为嫔妃居所。1654年5月4日，康熙皇帝生于此宫。1703年，和硕裕亲王丧，康熙帝为悼念其兄，再次于此宫暂居。其后此宫一直作为后妃居所，乾隆皇帝生母孝圣宪皇后、咸丰皇帝的婉贵妃、光绪帝的珍妃均曾在此居住。

那么，李连英调到东六宫之景仁宫当差，难道是为了照顾婉贵妃么？而这个婉贵妃又是什么人呢？照顾她，对于李连英来说，到底是升迁了呢，还是被贬职了呢？另外，对于李连英来说，这样的日子，何时是个头哟？

6. 太监群体也是一个社会的缩影

我们从前面的讲述中可以看出，这个宫廷里的太监群体，实际上也是一个社会的缩影。你看，他们之间，也有明显的乡土观念。典型的就是这个直隶河间府的太监。你看，他们之间的家乡观念、家族观念多么强。

李连英想当太监，咸丰皇帝身边的御前总管太监沈兰玉完全免费帮忙，而且是帮人帮到底送佛送到西：沈兰玉不但负责了手术的问题，还负责手术以后的“见习”安排、正式参加工作之后的第一份工作的安排、师傅的安排、师哥的安排等等，你几乎能够想到的一切，人家沈兰玉都会安排得非常之圆满。

你再看看人家沈兰玉给李连英找的这个师傅刘多生，人家当时可是紫禁城三大殿掌管玉玺的首领太监，日后的二总管啊。你再看看人家刘多生，多牛的一个人啊，当来自同乡的小太监李连英需要师傅的时候，他愣是不怕屈尊给李连英当了师傅。你再看看刘多生的这两个徒弟——刘多生一生一共培养了两个徒弟，居然都是直隶河间府人——哪一个不比他们的师傅有名气？

刘多生的这两个徒弟，李连英咱们不用说了，大名鼎鼎；这另外一个徒弟，他居然是安得海。安得海虽然说年岁也不大——比李连英只大 4 岁，他出生于 1844 年——可他出名却比李连英早多了，他活着的时候也比李连英的名气大多了，这些当然是后话，咱们后面还会说到。现在，咱们还是回过头来继续说说李连英。

7. 工作变化的原因

在李连英调到东六宫之景仁宫的时候，这个景仁宫的女主人是咸丰皇帝的婉贵妃。

我们的问题在于，对于李连英来说，这次工作的变化，到底是升迁了呢，还是被贬职了呢？

其实，仔细思考一下，我们就可以知道，这次工作的变动，既不属于升迁，也不属于贬职，而是属于一次新的“实习”！我为什么这么说呢？

事实上，我们可以看到，一个太监，工作在紫禁城里，这紫禁城的男人只有一个，而女人可是成百上千的。一个太监，工作在紫禁城里，不单要学会和皇帝打交道，更要学会和女人打交道。

学会和皇帝打交道，这是最容易的。因为，大清王朝吸取了大明王朝灭亡的教训，要求太监不得干政；否则的话，一律杀无赦。事实上，这大清王朝，一直到咸丰皇帝去世之前为止，还真是没有出现过太监干政的情况。

问题就出来了，既然太监不得干政，那在奏事处工作还有什么意义呢？

一个传令兵而已，干得好又如何？事实上，在这里，干得好不好，也很难区分清楚。在这里工作，重要是重要，可对于太监来说，并没有什么实际意义。

而与此相反，学会和女人打交道就不一样了。和女人打交道，一是很难——女人的心、孩子的脸、六月的天、都是说变就变的；也正是因为难，才具有挑战性。和女人打交道，二是一旦成功的话，很容易飞黄腾达，至少也能弄得个丰衣足食。

这回，您知道了吧？在这宫里头生活，门道多了去了。你如果想安稳，就别与女人打交道；你如果想丰衣足食甚至飞黄腾达，那就必须得学会和女人打交道！

也正是因为如此，我们才说，对于李连英来说，这次工作的变化，既不属于升迁，也不属于贬职！

可我为什么要说对于李连英来说，这次工作的变化，是属于一次新的“实习”呢？这话，就要从景仁宫的女主人咸丰皇帝的婉贵妃的家事说起了。

第七讲 危急时刻

1. 婉贵妃的家事

婉贵妃，姓索绰络氏，左都御史奎照之女。初赐号为婉贵人，1855年初，诏封婉嫔。1856年初，行册封礼。1861年冬，同治皇帝晋尊为皇考婉妃。1874年底，光绪皇帝再诏晋尊为婉贵妃。1894年夏去世。

婉贵妃的家庭索绰络氏，属于内务府正白旗满洲人，也是以科举闻名的内务府世家。乾隆年间，婉贵妃的曾祖父德保和德保的弟弟观保都是进士出身，均入选翰林院。德保官至广东巡抚、礼部尚书，观保官至都察院左都御史、礼部尚书。

婉贵妃的祖父是嘉庆年间的大学士英和。英和少有隽才，权臣和珅企图娶他的女儿为妻，为英和的父亲德保婉辞。嘉庆皇帝知道这件事情之后，重用英和。英和先后任内务府大臣、翰林院掌院学士、军机大臣、户部尚书、协办大学士。英和的儿子奎照和奎耀也都是进士出身，奎照官至礼部尚书、军机大臣。他们一家人是祖孙父子兄弟叔侄，四代翰林起家。四代人不仅都是进士，且都是翰林，这样的成就，足以令士林仰视。

有的朋友说了，可是我还是没有听明白，为什么说李连英服侍婉贵妃是属于一次新的“实习”啊？

其实，仔细想想，安安静静的婉贵妃是多好的一个人啊，服侍她，多容易啊。要是一开始就让你照顾慈禧太后，能适应吗？

因此，李连英的这次工作变化，是沈兰玉等太监有预谋的行为，其目的就是为了让李连英学会与女人打交道！然后才能学会与慈禧太后那样的女人打交道！这只是将来照顾慈禧太后的一个预演而已。

不管怎么说吧，这个时候的李连英还是老老实实地在婉贵妃——那个时候还是叫做婉嫔——的宅子里面认认真真地学习着他自己认为最重要的东西。

就在一切似乎风平浪静的时候，风云突变！决定着大清王朝命运的战斗开始了。这场战争，不但决定着大清王朝的命运，也决定着懿贵妃——日后的慈禧太后、恭亲王奕䜣、大太监安得海直至小太监李连英等很多人的命运！

这是一场什么样的战争呢？话还要从第二次鸦片战争谈起。

2. 第二次鸦片战争与咸丰皇帝出逃

1854 年，英、美、法三国向清政府提出修改《南京条约》等要求，遭到清廷拒绝。1856 年，英国军队进犯广州。1857 年冬，英法联军攻陷广州。1858 年夏，英法联军进逼天津。咸丰皇帝派大学士桂良、吏部尚书花沙纳为钦差大臣，赴天津谈判，分别与英、法、俄、美等国代表签订了四国《天津条约》。与此同时，俄国政府还用武力迫使黑龙江将军奕山签订了中俄《瑷珲条约》，割去黑龙江以北、外兴安岭以南中国领土 60 万平方公里，并将乌苏里江以东 40 万平方公里中国领土划为所谓中俄“共管”。

1859 年夏，英、法两国借口换约，又率军舰进攻大沽炮台。1860 年春，英法联军 25000 余人陆续开赴中国，于 1860 年夏再度攻占了天津，并向北京进发。

英法联军进逼北京，咸丰帝让皇六弟恭亲王奕䜣为钦差大臣便宜行事，而自己则以所谓的“秋狝木兰”为名，于 1860 年 9 月 23 日从圆明园启程奔往热河。

这是大清王朝的皇室自从入关以来的仅有的两次匆忙离开北京狼狈出逃外地的行动之一，也是这仅有的两次出逃的第一次。

您想啊，这第一次出逃，大清王朝的皇室成员肯定会思考很多内容：什么英法联军占领北京之后会怎么样啦，什么英法联军会不会连同这紫禁城一起放一把火烧掉啦，什么英法联军会不会继续尾随追击到承德避暑山庄啦，什么这大清王朝的皇室成员一路之上如何受到很好的保护和照顾啦，等等，都是他们在出逃的时候没有来得及想的，只能在出逃的路上才可以好好想一想。

出逃之前的咸丰皇帝最最需要想的是：我出逃了之后，把北京、把紫禁城皇宫交给谁？按照道理来说，出逃之前的咸丰皇帝只能把北京、把紫禁城皇宫交给自己的弟弟恭亲王奕䜣——因为在自己所有的弟弟当中，只有他是成年了，有经验、有见识的啊！

可是，把北京、把紫禁城皇宫交给自己的弟弟恭亲王奕䜣，这哪里行啊？自己哪能放心得下呢？您想啊，这个恭亲王奕䜣早年就是咸丰皇帝争夺皇位的最大的对手，他会不会趁着咸丰皇帝出逃的机会在北京宣布继承皇位，而把咸丰皇帝当作所谓的什么“太上皇”给“供奉”起来呢？请注意，当年大明王朝的明英宗被瓦剌部首领也先率领的大军俘虏之后就出现过类似的惊心动魄一幕啊！

您想想看，在咸丰皇帝的小心眼里，他一定会认为，这种情况不是不可能发生的——恭亲王奕䜣可是完全有这个资格的。

第一，恭亲王奕䜣早年不但是被先皇曾经看重的，也是很多大臣拥护的；

第二，这几年，恭亲王奕䜣又经常跟洋人打交道，天知道他会不会和这些个洋人勾结起来，共同篡位！

要把北京的政局交给恭亲王奕䜣打理，又完全不信任恭亲王奕䜣，您说这个时候的咸丰皇帝的心里面可得有多么地为难吧。这个时候的咸丰皇帝会采取什么行动呢？

咸丰皇帝一想，我离开北京之后，一定要把该带走的东西都带走：什么皇帝玉玺啦，什么重要文件啦，什么三宫六院的所有女人啦，还有什么宫里的大小太监啦，通通带走。

有的朋友一定会问，这宫里的大小太监也要通通带走啊？那当然了，这太监，您可别小瞧，他们可是多知多懂的啊。

太监虽然很小——也不是个什么官儿，可他们的位置重要啊：他们打交道的对象，除了皇上，就是皇后妃子，要不然就是太后。他们不想听到些什么消息，可是那些消息是自觉不自觉地往耳朵根子里面灌啊——他们知道的，好歹也比一般的大臣知道得多啊！您说是不是这个理儿啊？

万一一个不留神，哪个太监投靠了恭亲王奕䜣还好说，要是他们投靠了这洋人，那损失可就大了。这个时候的咸丰皇帝可不敢保证自己手下的太监都一如明朝末年崇祯皇帝手下的王承恩那么地忠诚哟。既然如此，就只能是所有太监，通通带走，李连英也在内！走！去承德！

3. 咸丰皇帝之死

当然，我们知道，这个咸丰皇帝的担心有些是多余的。比如说，这个恭亲王奕䜣在咸丰皇帝出逃到了承德避暑山庄之后，自己也逃到了北京西南边大山沟沟里的戒台寺里面了。随后的1860年10月6日，英法联军攻占圆明园，总管园务大臣文丰投福海自尽。1860年10月18日，英法联军焚毁圆明园；此后，中英、中法、中俄《北京条约》先后签订；中国将100多万平方公里土地割给了俄国。

咸丰皇帝在大敌侵入之时，不尽职守，不守国门，却带领老婆儿子、军机大臣、王公贵族，逃之夭夭，美其名曰“巡狩”。咸丰皇帝铸成了历史之大错、特错！

咸丰皇帝逃到承德避暑山庄做了些什么？是设法挽救国家危亡，还是关怀黎民涂炭？都不是。咸丰皇帝在避暑山庄里贪女色、贪丝竹、贪美酒、贪鸦片！

1861年8月20日，咸丰皇帝在热河行宫病重。8月21日，咸丰皇帝在烟波致爽殿寝宫做了三件事：(1) 立皇长子载淳为皇太子。(2) 命御前大臣载垣、端华、景寿，大学士肃顺和军机大臣穆荫、匡源、杜翰、焦佑瀛八人为赞襄政务大臣。八大臣控制了政局。(3)授予皇后钮祜禄氏"御赏"印章，授予皇子载淳"同道堂"印章（由慈禧掌管）。顾命大臣拟旨后要盖"御赏"和"同道堂"印章。1861年8月22日清晨，咸丰皇帝病逝。

4. 三股势力

当时，朝廷的主要政治势力，可以分为以下三股。

① 朝臣势力

朝臣势力的代表是"赞襄政务"的"顾命八大臣"——载垣、端华、景寿、肃顺、穆荫、匡源、杜翰、焦佑瀛。

咸丰皇帝临终顾命、赞襄政务的八位大臣中，主要分为两部分：载垣、端华、肃顺、景寿四人为宗室贵族、军功贵族；穆荫、匡源、杜翰、焦佑瀛四人为军机大臣。当时军机大臣共有五人，其中文祥兼户部左侍郎，因上言力阻"北狩"而被留在北京，是军机大臣中唯一被排除在赞襄政务大臣之外者。

这八人中，最重要的是前面我们曾经介绍过的载垣、端华、肃顺三个人。

② 帝胤势力

咸丰皇帝死时，道光皇帝的九个儿子中健在的还有五阿哥奕誴、六阿哥奕䜣、七阿哥奕譞、八阿哥奕詥、九阿哥奕譓等。在咸丰皇帝死时恭亲王奕䜣30岁、醇郡王奕譞20岁，都年富力强。

大敌当前，咸丰皇帝和这些所谓的"赞襄政务"的"顾命八大臣"，都一下子逃到了避暑山庄，没有一个人身临前线。而恭亲王奕䜣、醇郡王奕谡等空有爵位的闲散亲王、郡王，既不是大学士，也不是军机大臣，更不是御前大臣，却要挺身在第一线，收拾那么一个乱摊子。奕䜣等本来就对咸丰登上皇位心怀不满，在后来的咸丰皇帝死了以后，他要前往承德奔丧还遭到了拒绝，特别是他作为咸丰皇帝的血亲而未列入顾命大臣行列，于情于理都不妥当。旧怨新恨，汇聚一起。

③ 帝后势力

所谓的帝后势力，就是6岁的同治皇帝和两宫太后——东太后慈安和西太后慈禧。他们虽是孤儿寡母，在帝制时代却是皇权的核心。

咸丰皇帝在临终之前，特制“御赏”“同道堂”两颗印章，作为日后颁布诏谕的符信。就是说，奏折“经赞襄大臣拟旨缮进，俟皇太后、皇上阅后，上用‘御赏’下用‘同道堂’二印，以为凭信”。这两颗印章，“御赏”之章，为印起；“同道堂”之章，为印讫（结束）。将“御赏”章交皇后钮祜禄氏收掌；而将“同道堂”章交皇太子载淳收掌，因载淳年幼，“同道堂”章实际上是由其生母懿贵妃掌管。

咸丰皇帝的旨意是在他死后，由两宫皇太后与八大臣联合执政，避免出现八大臣专权的局面，也避免出现皇后钮祜禄氏与懿贵妃叶赫那拉氏专权的局面。

皇后钮祜禄氏与懿贵妃叶赫那拉氏的实权在八大臣之上，因为她们均有对于八大臣所决策军政大事不予盖章的否决权。显然，如果皇后钮祜禄氏与懿贵妃叶赫那拉氏不加盖“御赏”和“同道堂”这两颗起、讫之章，那么八位赞襄政务大臣是发不出“诏书”和“谕旨”的，赞襄政务八大臣之议决均不能生效。相反，由内臣拟旨而不经过顾命八大臣同意，加盖“御赏”与“同道堂”两章即能生效。

因此，以上三股政治势力，咸丰皇帝承德断气之日便是开始较量之时。

5. 形势危急

1861年8月23日，大行皇帝入殓后，“赞襄政务”的“顾命八大臣”

占得先机，他们迅速以新的小皇帝的名义，尊孝贞皇后为皇太后即母后皇太后（通称东太后也就是慈安太后），尊懿贵妃为孝钦皇太后即圣母皇太后（通称西太后也就是慈禧太后）。

可是，问题在于，直到这个时候，尚在北京的以恭亲王奕䜣为首的帝胤集团还完全不知道承德避暑山庄的一切消息——换句话说，只要以恭亲王奕䜣为首的帝胤集团不知道承德避暑山庄的一切消息，那就意味着他们与以两宫太后——东太后慈安和西太后慈禧——为首的帝后势力的勾结还没有开始。而帝胤集团与帝后势力的勾结只要没有完成，他们就不可能取得夺取政权斗争的胜利。

形势非常紧急！占得先机的“赞襄政务”的“顾命八大臣”命令任何人不得擅自出入承德避暑山庄——出去倒泔水的小太监除外。这可怎么办呢？

承德居然与北京断了联系！北京方面的帝胤集团居然还完全不知道承德方面的任何消息。这可怎么办啊？慈禧太后及其身边所有的人，在这个时候已经在事实上完全被占得先机的“顾命八大臣”控制住了！怎么办啊？

任你慈禧太后有何完美的设想、高超的能力，可是就凭你们这两个妇女，没有军队、没有支持者，你们还能干出什么惊天动地、改变政局的大事来？笑话！

正在慈禧太后急得如同热锅上的蚂蚁一般的时候，咸丰皇帝身边的御前总管太监沈兰玉和紫禁城三大殿掌管玉玺的首领太监刘多生来了。

他们干什么来了呢？当然是给慈禧太后出主意来了！可他们为什么要给慈禧太后出主意呢？诸位有所不知，太监与大臣肯定是一对矛盾。大臣权力大，肯定不利于太监。可他们能出什么好主意啊？他们的主意能够改变帝胤集团与帝后势力暂且落后的现状么？这与李连英又有什么关系？此时的李连英又在干什么呢？

6. 研究者的困难

诸位朋友要注意了，我这里说的是“我们的难题在于”，而不是说“当时的困难在于”。这里有个我必须要解释的事情。

其实，我在刚一接手准备开讲“历史上的李连英”的材料的时候，就感觉到非常的困难！为什么呢？

最主要的一个原因就是关于太监史料的严重匮乏——还不仅仅是关于李连英的史料的严重匮乏问题，是研究所有清朝太监的史料都出现了严重匮乏的问题。为什么会出现太监史料严重匮乏的现象呢？

朋友们都知道，中国历史上包括我们通常所说的从《史记》到《明史》的所谓二十四部正史——也称为“二十四史”——中，其实，都有一篇内容非常翔实的《宦官传》或者《太监传》。人们在探讨一个王朝衰亡的时候，一般都会问问是不是因为女人误国啦，是不是因为宦官专权或太监干政啦，等等。推卸责任嘛，当然了，如果不是女人就一定是太监是罪魁祸首！

比如，这被号称为“脏汉”的西汉不就是因为女人才灭亡的么？而随后的东汉不就是因为宦官专权才灭亡的么？这唐朝——人称“龟唐”——不就是因为女人误国和宦官专权的双重影响而灭亡的么？就更加不要提明朝了，地地道道地是因为太监干政而灭亡的！

“脏汉”“龟唐”和“鼻涕宋”知道吧？这是清朝政府在编修“四库全书”的时候，给汉、唐、宋起的外号。

正是因为如此，历朝历代关于宦官或太监的史料都是相当地丰富啊！

可这大清王朝灭亡之后官修的《清史稿》中，却完全没有一整段关于宦官或太监的记载！就更不用说什么一篇内容非常翔实的《宦官传》或者《太监传》了——根本就没有！

这是为什么呢？

这《清史稿》的编修与我们通常所说的“二十四史”完全不一样：人家那些“二十四史”要不然就是在前一个朝代灭亡以后，由后来的史学家私人修撰的；要不然就是在前一个朝代灭亡以后，由后来的政府为了很好地总结前一个朝代灭亡的教训而认真修撰的。

说到这个教训呢，无非就是什么宦官干政、外戚专权、中央或地方的领袖夺权造反、官逼民反的农民起义之类。

可这《清史稿》的修撰者们都是前清的遗老遗少，他们认为这大清王朝的灭亡完全是孙中山等人捣乱的结果，大清王朝完全没有什么责任，他们也完全不必总结大清王朝灭亡的教训。就不用介绍那些太监的事迹了。

您说，这《清史稿》完全没有《宦官传》或《太监传》，这就给我们这些史学工作者带来了大量的难题：正史里面完全没有，野史里面的又不都可信！

也正是因为如此，才出现了我们前面讲过的《辞海》中关于李连英的记载出现错误的情况！

您说，我要讲这个“历史上的李连英”得有多么地不容易吧！

在如此困难的情况下我能如何讲李连英呢？只能根据合理的推理与恰当的反证相结合这唯一可行的一条路了。

所谓合理的推理，就是依照现在我们已经知道的一些事实，进行前后比对，把这其中断了线的部分进行可能的、合理的连接；而所谓恰当的反证就是否定其他一切不合乎逻辑的“可能性”。

7. 绝地反击是两个女人唯一的抉择

好了，前面我们说到了咸丰皇帝去世的时候，朝廷的三股主要政治势力在明里、暗中进行了激烈的较量。而这种较量的直接结果，就是“赞襄政务”的“顾命八大臣”占得了先机。他们已经下令任何人不得擅自出入承德避暑山庄——当然，出去倒泔水的小太监除外！

因此，形势对于以恭亲王奕䜣为首的帝胤集团和以东、西两太后慈安和慈禧为首的帝后势力极为不利。他们应该如何应对呢？

我们说，在这种情况下，唯一的希望只能寄托在以东、西两太后慈安和慈禧为首的帝后势力身上了。

为什么呢？非常简单！因为“顾命八大臣”已经下令任何人不得擅自出入承德避暑山庄了，而以远在北京西南边大山沟沟里的戒台寺里躲避的恭亲王奕䜣为首的帝胤集团还完全不知道承德避暑山庄里面所发生的一切呢！因此，他们是不会主动采取任何的行动的。

现在，行动的主动权就完全交给了慈安和慈禧这两位女人了——她们要想不死亡的话，就只能主动行动了。俗话说得好，“先下手为强，后下手遭殃”嘛！

这两位女人，必须要学会的是：绝地反击！

可是，这绝地反击，说起来容易做起来难哟！

不过，我们从前面的叙述中可以知道，现在的慈安和慈禧这两位女人，要想绝地反击，机会还是有的。这机会只有一个：就是要利用被特殊批准的出去倒泔水的小太监，让他趁机溜出承德避暑山庄，迅速返回北京，找到恭亲王奕䜣！

8. 通风报信之人到底是谁

说到这里，尽管我们担心慈安和慈禧这两位女人，但我们知道，最终的胜利是属于她们的。虽然她们成功了，可她们到底是怎么样取得成功的呢？正史里面没有记载。没有记载的原因也很简单：正史都是胜利者书写的。胜利者一是要把自己胜利的过程神话化，二是这种胜利也的确不怎么光彩，还是不写为好。

因此，下面所讲述的内容，就完全属于那种前面我们刚刚说到的合理的推理与恰当的反证相结合这唯 一可行的一条路来论证了。

前面我们说过，占得先机的“赞襄政务”的“顾命八大臣”下令任何人不得擅自出入承德避暑山庄，只有每天都要出去倒泔水的小太监除外！因此，这个时候的慈安和慈禧这两位女人只能用小太监了。

用身边的太监到北京给恭亲王奕䜣通风报信，也是目前史学界公认的说法。因为，无论我们怎么想，也的确没有其他的可能性了。

但问题又来了，关于慈安和慈禧到底用了哪个小太监到北京通风报信的呢？目前史学界有安得海和李连英两种说法。

我个人认为，这通风报信的应该不是安得海，而是李连英！

为什么不会是安得海干的呢？

很简单，安得海的地位。我们知道，这个安得海成名可要比李连英早多了——关于这些，我们后面会有专门的交待。此时的安得海在宫里也是个数得着的几个受到咸丰皇帝赏识的大太监之一了，咸丰皇帝给他的任务之一就是密切监视慈禧太后的一切行动——咸丰皇帝的确有些担心这个慈禧会出事，因此，特意让自己最为信任的年轻太监安得海“照顾”慈禧。因此,我们可以认定的是,安得海与“赞襄政务”的“顾命八大臣”很熟悉，他不大可能逃脱“顾命八大臣”的眼睛而擅自离开承德回北京给恭亲王奕䜣通风报信。换句话说,用安得海给恭亲王奕䜣通风报信太危险了！再说了，像安得海这样的太监要亲自出外倒泔水，这也太大材小用了！

当然，我们还要注意的是，虽然安得海不是初次离开承德回北京给恭亲王奕䜣通风报信的人选，也不是说安得海在整个的过程中就完全没有立功。他也的确曾经来到北京给恭亲王奕䜣通风报信。不过啊，那是整个政变中的第二次回北京给恭亲王奕䜣通风报信。诸位应该知道，回北京给恭亲王奕䜣通风报信的事，历史上有两次呢，这第二次才是安得海的所作所为。

关于这些，我们在后面的内容中还会有详细的交待。

9. 李连英出场

慈安和慈禧为何要选择李连英回北京给恭亲王奕䜣通风报信呢?

原因很简单：只有李连英符合各个方面的条件。

第一，李连英的确是个不引人注意的小太监，能够借倒泔水的时机混出宫去。

第二，李连英虽然只有 13 岁，但是极为聪明，又能够吃苦耐劳。

第三，李连英极为可信——完全是沈兰玉和刘多生一手带大的，而太监们都知道，只有孤儿寡母上台了，这太监集团才能混得更好。

第四，这李连英完全不会引人注意，他是婉嫔身边的人，不属于十分敏感的帝后势力，不会引人注意的——即使他被别人逮了去，承受不住酷刑，完全向对方招认了他所知道的一切，也没有关系：谁能相信一个小太监说的话是真实的呀。

第五，这是最为关键的，即使李连英被肃顺的手下人发现了，也没关系，他原来就是肃顺的哥哥端华家里的使唤人嘛，也好找借口逃脱。

李连英能够完成慈禧太后交给他的使命吗？

第八讲 辛酉政变的功臣

前面，我们讲到了咸丰皇帝于1861年8月22日死于承德避暑山庄之后，以东太后慈安和西太后慈禧为首的帝后势力和以恭亲王奕䜣为首的帝胤集团与占得先机的“赞襄政务”的“顾命八大臣”之间的较量处于最为紧急的时刻，帝后势力居然还没有完成与帝胤集团的勾结！更为严重的是，这个时候的北京，以恭亲王奕䜣为首的帝胤集团还完全不知道承德避暑山庄的一切消息——包括咸丰皇帝已经去世的消息！形势非常紧急！无可奈何的慈禧太后在这个关键时刻，只能接受咸丰皇帝身边的御前总管太监沈兰玉和紫禁城三大殿掌管玉玺的首领太监刘多生的建议：放景仁宫女主人婉嫔身边的小太监李连英到北京，与恭亲王奕䜣为首的帝胤集团取得联系！

我们的问题在于，这个小太监李连英，把事情到底办得如何了呢？

您一定会说，这么一点小事，对于如此聪明伶俐的小太监李连英来说，那还不容易？肯定是轻而易举地就完成了！

这回，您可真的猜错了！完成使命，对于小太监李连英来说，那可就难了去了！

1. 李连英难以完成使命

这话呀，还得首先从小太监李连英的年龄说起。

我们说小太监李连英，他身负慈禧太后的重托，准备从承德避暑山庄逃出，前往北京恭亲王奕䜣的府邸，告诉他承德避暑山庄的一切详情。

从承德避暑山庄到北京恭亲王奕䜣的府邸，这多不容易啊。您想想，从承德避暑山庄到北京，走对于我们成年人来说，都是一件非常不容易的事情，何况对于一个 13 岁的小孩子呢？一个小太监，只是跟着成千上万的大人从北京来过承德避暑山庄一次。而这一次，却要自己一个人没黑夜带白天地一路小跑，从承德避暑山庄到北京，这一路上也许要遇上个三灾八难的呢，这事，搁您，行吗？

您还别说，小太监李连英，他还真的没有辜负慈禧太后的希望，还真的没有辜负他的大恩人沈兰玉和他的师傅刘多生的信任；他还真的是又聪明又能干——从某种程度上说，还真的是挺让人佩服的！

13 岁的李连英承载着帝后势力和众多河间籍太监的嘱托，成功地利用倒泔水之际，首先逃出了承德避暑山庄。然后，又一路没黑夜带白天地奔波，终于来到了北京，来到了恭亲王奕䜣的府邸！

李连英来到了恭亲王奕䜣的府邸，这让我说什么呢？只能是进去容易，再想出来？难哟！我为什么这么说呢？因为新的问题出现了。什么新的问题呢？

这个李连英，来到了恭亲王奕䜣的府邸之后，因为他知道承德避暑山庄的一切事情，他必须要把承德避暑山庄的一切告诉给恭亲王奕䜣。

可问题在于，恭亲王奕䜣他可不认识李连英这个小太监啊？我不认识你！你让我凭什么相信你啊？谁知道你说的是真话还是假话？拿封信骗我来了？

2. 处于两难境地中的恭亲王奕䜣

您想啊，相对于 13 岁的小太监李连英来说，见多识广的恭亲王奕䜣怎么能够轻而易举地相信一个外来的小太监李连英的话呢？因此，这个时候的恭亲王奕䜣面对小太监李连英的到来、面对小太监李连英的一片言辞，他肯定得有下面这两个最基本的判断。

第一个最基本的判断：小太监李连英是别人故意派来诱骗他恭亲王奕䜣上当的。可是，这诱骗者到底是谁呢？

这又可能有下面的两种选择。

第一种，占得先机的“赞襄政务”的“顾命八大臣”派来诱骗恭亲王奕䜣上钩，企图一举全歼帝后势力和帝胤集团的。

证据呢？很简单。这些“赞襄政务”的“顾命八大臣”向来在咸丰皇帝与恭亲王奕䜣之间挑拨离间惯了，而这个李连英原来就是郑亲王端华家的家奴！他的话，你也信？要信的话，也是反着信而已！

第二种，占得先机的“赞襄政务”的“顾命八大臣”与以两宫皇太后为首的帝后势力合谋来诱骗恭亲王奕䜣上钩，企图一举全歼帝胤集团的。

这完全有可能。证据呢？很简单啊。您想想，这个时候，人家帝后势力有了“御赏”和“同道堂”这两颗起、讫之章，“赞襄政务”的“顾命八大臣”有了咸丰皇帝的充分信任，咸丰皇帝又想在自己临死之前极力撮合双方的关系。现在的情况是明摆着的，只有以他恭亲王奕䜣为首的帝胤集团碍眼嘛！

这里，我们要注意的是下面的一个事实。

前面交代的所谓清朝朝廷的主要政治势力，可以分为三股：以肃顺为代表的朝臣集团、以恭亲王奕䜣为代表的帝胤集团和以慈禧太后为代表的帝后势力，这些都是真的，完全没有问题的。

但是，有个问题，在咸丰皇帝去世之前，这个日后的慈禧太后一直是协助咸丰皇帝处理军国要务的。换句话说，那个时候的慈禧太后，她还不能算做一股势力——她是咸丰皇帝的贴心人！只是在咸丰皇帝去世之后，她才有了一种掌权的需求，她才想要团结慈安太后，掌握国家政权，她们才能成为一股所谓的势力！

我的意思是说，此前的慈禧太后一直是站在咸丰皇帝的立场上思考问题的！既然她是站在咸丰皇帝的立场上思考问题的，那在她的心里面，就应该在很大程度上排斥以恭亲王奕䜣为代表的帝胤集团。

再说得明白些，恭亲王奕䜣与慈禧太后，以前一直是较量的对手！在这个关键的时刻，恭亲王奕䜣凭什么相信慈禧太后的话？！

换句话说，恭亲王奕䜣只有在排除了上述这两种最为基本的可能之后才能得出这第二个最基本的判断：小太监李连英的言语句句是实。

您想，要想让我们疑心重重的恭亲王奕䜣得出这样的判断，那得有多少困难啊？一个不知详细来路的小太监，自称代表着那个阴险毒辣的慈禧太后！我凭什么相信你？就是慈禧太后亲自来了，我都不能轻易相信！就更甭说你一个来路不明的小太监了！因此，我们说，这个时候的小太监李连英，想要见到恭亲王奕䜣，容易！可是小太监李连英，想要顺利地完成任务，难啊！

现在的问题在于，这个小太监李连英既然不能轻易得到恭亲王奕䜣的信任，这对于李连英来说，不就等于是才出狼窝，又入虎口了么？小太监李连英能够说服恭亲王奕䜣相信他这个小太监的话都是真的吗？

3. 李连英被恭亲王奕䜣关了起来

我还告诉您说，尽管小太监李连英伶牙俐齿，说得唾沫星子横飞，可是人家恭亲王奕䜣对他的话还是将信将疑！

那么，既然恭亲王奕䜣对小太监李连英的话还是将信将疑，我们的下一个问题就是现在的恭亲王奕䜣，他将会作出什么样的动作？他的这个动作对于李连英来说，有着什么样的危险？

我们还是把注意力集中到李连英到达北京、进到恭亲王奕䜣的府邸的时候。

当李连英到达北京、进到恭亲王奕䜣的府邸的时候，您想啊，这个李连英肯定不能把他所知道的详细内容当着众人的面告知恭亲王奕䜣——他得要求个隐秘的地方不是？当然，恭亲王奕䜣见到一个自己完全不熟悉的小太监气喘吁吁地突然来到自己的家里，肯定也是一下子就愣住了，他肯定也不想把这个人所说的东西让别人知道——不管他说的是真是假！

因此，在这种情况之下，很简单地，恭亲王奕䜣找了自己家的一个密室。在这个密室里，恭亲王奕䜣接见了小太监李连英。

然后，就是小太监李连英如同竹筒倒豆子一般，把自己知道的和慈禧太后交待给他的，他的恩人、御前总管太监沈兰玉交待给他的，以及他的师傅、紫禁城三大殿掌管玉玺的首领太监刘多生交待给他的所有的内容，一五一十地就全都告诉给了恭亲王奕䜣！

恭亲王奕䜣的态度，当然如同我们前面说的那样，对于小太监李连英的话还是将信将疑。在这种情况之下，恭亲王奕䜣对于这个远道而来的秘密使者，采取了什么样的对策呢？

很简单！一个多知多懂的小太监而已！“左右，把他关起来！”这不就得了么！

我们话说恭亲王奕䜣把这个远道而来的秘密使者小太监李连英就给关押到了自己的家里，不让他见任何人，只是每天有人给他送一日三餐而已！

这个时候的李连英每天在想着什么，我们也不知道了。反正是什么后悔呀，无助啊，想家啊，等等。您想啊，这一下子就好几十天过去了，虽然说是整天衣食无忧，可是每天被关禁闭的日子，总是不如自由自在的日子好不是？没事的时候，就瞎想呗！我们先让他瞎想着，这会儿，我们该关心一下恭亲王奕䜣了。

这个时候的恭亲王奕䜣在干什么呢？他应该怎么做呢？

4. 辛酉政变的准备

恭亲王奕䜣在把李连英关了禁闭之后，实际上，他心里面的斗争也是很激烈的。现在的问题是，这下一步，恭亲王奕䜣应该怎么办?

事情的发展其实是很顺利的。后面，事情的发展我们就完全可以预料到了。

1861 年 9 月 5 日，恭亲王奕䜣获准赶到承德避暑山庄叩谒咸丰皇帝的梓宫。奕䜣获准同两宫太后会面约两个小时。当然，这件事情还有另一种说法。《我的前半生》记载，奕䜣化装成萨满，在行宫见了两宫皇太后，秘密商定了决策与步骤。

然后，奕䜣在热河滞留 6 天，尽量在肃顺等大臣面前表现出平和的姿态，麻痹顾命大臣。此后，奕䜣返回北京，准备政变。此时，咸丰皇帝刚驾崩 13 天。

奕䜣一回到北京，立即暗中紧锣密鼓地为政变做各种准备，尤其是军事布置。

当时，清廷的嫡系武装共有两支，分别控制在僧格林沁和胜保手中，他们都因战败而与肃顺嫌隙甚深，咸丰皇帝死后都无条件地站在皇太后和奕䜣的一边。

咸丰皇帝一死，胜保即自行带兵回京，经与奕䜣密商之后，赴热河祭奠咸丰皇帝，并乘机在京畿一带和北京、热河之间沿途布防。奕䜣还以太后命令马步军统领、神机营都统和前锋、护军统领，把这些京城武装控制起来，为己所用。

此前，手握重兵的僧格林沁早已不顾当时政体，一再坚持奏折必书“伏乞皇太后、皇上圣鉴”字样，公然与肃顺等人对抗，表示自己坚定拥护皇太后的立场。

而此时，统领大清战斗力最强军队的湘军首领曾国藩，面对风雨欲来的政治局势，显示出一种惊人的沉默，只是静观时局的风云变幻。当时，肃顺的亲信、时称“肃门七子”之一的王闿运多次企图拉拢他，希望得到他的支持，曾国藩都不为所动。至此，肃顺完全陷于孤立无援的境地。

有了胜保、僧格林沁的武力做强大的后盾，奕䜣等人谋划的政变已是“万事俱备，只欠东风”。然而，此时肃顺等人却全然不知自己已成他人刀俎之上的鱼肉，依然得意忘形。自以为顾命制度既符合祖宗家法，又为大行皇帝遗诏所定，其合法性已不容置疑。奕䜣则一再以软弱谦卑之态麻痹肃顺等人，肃顺等人果然上当，毫无察觉。同时，奕䜣通过心腹曹毓瑛的通风报信，对热河那边的风吹草动了如指掌。曹毓瑛本是肃顺的心腹，被肃顺任为军机处领班章京，参与机要。后因咸丰皇帝拟增一军机大臣上学习行走，按序理应曹毓瑛担任，但是肃顺却安排了焦佑瀛。曹毓瑛明表谦让，却心怀怨恨。后见肃顺等人与奕䜣集团有矛盾，其权位难保长久，于是改换门庭，投靠奕䜣，现在正是他立功和向奕䜣表示忠心的时候。

5.“顾命八大臣”犯下的致命错误

正当慈禧和奕䜣磨刀霍霍的时候，肃顺等人又犯下了一个致命的错误，更进一步把自己推向了死亡深渊。

当时，端华系步军统领，统率在京八旗步军和在京绿营马步军三万人，掌京师九门管钥，身居要职，举足轻重。载垣兼銮仪卫掌卫事务大臣、上虞备用处管理大臣之职，掌管皇帝的侍卫队与仪仗队，负有随侍皇帝渔猎、率领三旗侍人值之责，肃顺兼任向导处事务大臣，掌管着一支皇家侦察部队。

这就是说，端华、载垣、肃顺统领着京城和皇帝的主要安全保卫力量。可是，他们三人见慈禧被迫退让，奕䜣对赞襄制度也不敢提出异议，遂认为大局已定，无人能撼动他们的权位，于是，以“差务较繁”为由，一起辞去上述要职。

他们也许是为了表明他们专心致力于摄政事务，不敢包揽一切，以取得太后的信任和支持而作出的一个姿态。但这正是慈禧太后等人求之不得的，遂以两宫太后的名义同意了他们的请求。慈禧太后非常精明，在委任奕䜣同党瑞常等人接任步军统领等职的同时，又特地委派端华暂署行在步军统领，以防肃顺等人起疑。这样，肃顺等人手中仅有的一点兵权也丢了，他们离死亡又靠近了一大步。

1861 年 10 月 26 日，是咸丰皇帝灵柩回京的日子。不知是肃顺等人的确命该如此，还是着实蠢到了家，以至于一错再错，他们安排载垣等人随同两太后和小皇帝先在避暑山庄丽正门外跪送咸丰皇帝灵柩启程返京，然后再从间道先行，提前赶回京师，这样，圣体不至过于劳累，便于灵驾到京后，皇上在东华门外跪迎。而肃顺、奕譞等人，则护送咸丰皇帝笨重的灵柩，从大道缓缓而行。

这个时候，我们要注意，醇郡王奕譞是皇太后的人，他们暗中监视着肃顺派的一举一动。而两太后和小皇帝先行回京这一安排又正中慈禧太后下怀。慈禧太后将会如何抓住这千载难逢的大好时机，进行下一步的精心布置呢？

6. 辛酉政变的成功

这个时候的慈禧太后一方面紧紧抓住这一至关重要的机会，选用快班轿夫日夜兼程，提前四天赶到北京，为发动政变赢得宝贵的时间，使政变更加稳操胜券；另外一方面呢，还要更加地快马加鞭，迅速通知在北京的恭亲王奕䜣等人，做好全部的政变准备。可是这次，没有了李连英，慈禧太后应该让谁去通知在北京的恭亲王奕䜣等人呢？

还是在沈兰玉和刘多生的建议下，慈禧太后派了小太监李连英的师哥安得海，让他迅速到京，与恭亲王奕䜣联系。当然，我们说，这次恭亲王奕䜣有了上次与小太监李连英接触的经验，一切都顺利得多——他们很正常地接洽了。

放下恭亲王奕䜣这边的准备我们暂且不提，还是回到八位赞襄大臣这边来。

这个时候的八位赞襄大臣分散两处，载垣、端华等人不见肃顺，等于失去灵魂，遇事没有主张。肃顺一人在后慢行，孤掌难鸣，也无能为力。

他们也许还在尽情享受着驾驭最高权力的快感，却浑然不觉人家已经把刀架到他们的脖子上了。

据说，肃顺等人在返京途中也曾密谋过兵变，令载垣等人在途中将慈禧杀掉。但慈禧早有准备，命荣禄率兵迎驾，预防载垣暗下毒手，结果载垣没敢动手。

1861 年 10 月 31 日，两宫皇太后和小皇帝一行到达京郊，恭亲王奕䜣出城迎接。当天，两宫皇太后在郊外召见了奕䜣，双方开始为政变做最后一项准备。11 月 1 日，两宫皇太后一行进城，留京文武官员身着缟素跪迎于道路两旁。銮驾回到大内皇宫，奕䜣立即密陈在京政变部署情况，两宫太后听了颇为放心。

11 月 2 日，两宫皇太后在宫中召见在京的奕䜣等诸位大臣。慈禧太后面对众人，一把鼻涕一把泪，斥骂肃顺等八大臣大逆不道、飞扬跋扈、图谋不轨的种种罪行，众大臣愤慨无比，纷纷要求两宫皇太后先下令解除八位赞襄大臣的职务，然后再将他们缉拿问罪。正在这个时候，恰逢载垣、端华进宫上朝，见奕䜣等王公大臣竟在殿内。一时间，气氛非常紧张。

就在这个时候，载垣、端华大声质问奕䜣等诸位大臣："外廷臣子，何得擅入？"奕䜣答道："有诏。"载垣、端华就更摸不着头脑了，毫不客气地责备两宫皇太后不该召见奕䜣等人。慈禧太后大怒，立即传下谕旨："将载垣、端华、肃顺革去爵职拿问，交宗人府会同大学士六部九卿翰詹科道严行议罪。"载垣、端华听罢如坠云雾之中，厉声斥问："我辈未入，诏从何来？"奕䜣不予理会，一声令下，一群侍卫将其拿下，押到宗人府看管起来。

随后，两宫太后又以小皇帝的名义，火速发出密旨，命令正在回京路上监视肃顺的醇郡王奕譞等人相机擒拿肃顺，押解回京，交宗人府听候议罪。

此时，护送灵柩的肃顺才行至密云县。监视他的奕譞等人接到驰送而来的密旨，连夜率兵赶去，在卧室中将其拿获。肃顺这才如梦方醒，跳骂道："悔不该早治此婢！"押至宗人府，碰见载垣、端华二人，肃顺怒道："若早从吾言，何至有今日！"二人无可奈何，答道："事已至此，还说什么！"

这样，慈禧和奕䜣集团经过紧密的配合和周密的部署，取得了政变的成功。

11 月 8 日，恭亲王奕䜣等人共同会议八大臣八条罪状，而后，扔下两条白绢，令载垣、端华自尽。肃顺则被无帷小车押赴刑场处决。接着，奕䜣等王公大臣会议提出将八位赞襄大臣中的另外五人革职，发配新疆效力。

此外，慈禧和奕䜣进一步肃清余党，将陈孚恩、黄宗汉、刘昆、成琦、德克律太等人革职，将太监杜双奎、袁添喜、王庆喜等发往边远地区充官兵奴仆。

此后，内阁公布取消肃顺等所定“祺祥”年号，决定以第二年为同治元年。

这就是“辛酉政变”。辛酉这年，奕䜣正值而立之年，慈禧 27 岁，慈安 26 岁。这样几位正值盛年，精力充沛，头脑敏捷，思想新锐的年轻人夺取了最高统治权。

辛酉政变成功了。成功了的辛酉政变改变了大清王朝的命运，也改变了慈禧太后、恭亲王奕䜣等人的命运。此时，为辛酉政变的成功立下汗马功劳的小太监李连英怎么样了呢？

这个时候的小太监李连英，当然早就被恭亲王奕䜣从恭亲王奕䜣家的密室里放了出来，作为功臣，他当然会得到很多的奖赏。

我们说，辛酉政变的成功，不但改变了大清王朝、慈禧太后、恭亲王奕䜣等人的命运，更改变了小太监李连英的命运！此后的李连英，开始走上了他一生中的巅峰时刻。到此，我们似乎可以认为，此后的李连英，应该是非常顺利地走上他一生中的巅峰时刻了。

但是，很多事情的发展，往往会大大地出乎我们的意料。李连英的命运，能够随着他在辛酉政变中立功而得以改变吗？

第九讲 第一次幸福时光

前面，我们曾经说到，正是因为13岁的李连英身体瘦弱但又聪明伶俐、吃苦耐劳，才造成了他在承德避暑山庄只能做些抬泔水、打扫院子之类的活——而这恰恰是他能够在辛酉政变中立下汗马功劳一个最为重要的条件。这次，辛酉政变的胜利者慈禧太后应该如何奖赏这个小太监呢？

1. 李连英的第一份奖赏

本来，这次政变成功以后，每个相关的参与者都按照参与程度及贡献大小得到以慈禧太后为首的新政权相应的奖励。比如升官啊，发财啊什么的。但是，怎么给这个小太监李连英奖励呢？慈禧太后还真是犯了难。

慈禧太后为什么会犯难呢？主要是因为这个时候的小太监李连英真的是太小了。你说奖励吧，他实在是太小了，才13岁，拿着那么多的奖励，对于那么点的一个小孩子来说，可不见得是个好事；你说不奖励吧，他还真的是这次政变成功的大功臣。这可怎么办呢？

慈禧太后想了想，还是觉得这个小太监李连英实在是有大功，不奖励也太不合适了，但考虑到这个时候的李连英才 13 岁，不能在他的职务上有所提升——事实上一个那么点的小孩子在宫里面也还不会对比他大的人行使权力呢，于是就赏了小太监李连英 1000 两银子。1000 两银子，拿去，花吧。

1000 两银子啊！别说这小太监李连英从打一生下来到他 13 岁的时候就没有见过这么多的钱，就连他的父母也从来没有见过这么多的钱啊。

李连英第一次得到这么多钱，当然是非常地兴奋，他兴奋地跑回家，把这么多的钱——是 1000 两银子——都给了父母。

2. 李连英搬家

我们想想看，他的父母在此前也从来没有见过这么多的钱啊。人一有了钱，马上想到的是怎么花的问题。这 1000 两银子啊，咱们家可怎么花得出去。

当然了，大人肯定是有花钱的办法的：买房子！搬家！离开大有村！

我们曾经说过，李连英一家搬到北京后，先是在西直门外堂子胡同租了一座坐东朝西的三合房，他们家在这里开着名为“永德堂李皮作坊”的熟皮子的作坊，晚上也居住在这里。后来，随着他们家生活的逐渐好转，他们把生活区与工作区分开了，“永德堂李皮作坊”仍然开在西直门外堂子胡同，另租了离西直门非常遥远的今海淀区青龙桥地区颐和园北面的大有庄的房子居住。

那个时候的大有庄荒凉无人，只住着包括李连英一家在内的八户人家，人称为“穷八家”。问题在于，这离开大有庄容易，可把家搬到哪里呀？李连英的父母一想，这个新家呀，一定要既离自己的“永德堂李皮作坊”近，更要离自己儿子工作的单位紫禁城近些。毕竟，这钱是儿子挣来的不是？自己的新家一定要有利于自己儿子的前途不是？

于是，找地方！每天看啊看啊的，终于，他们相中了一块地皮：距离紫禁城非常近的酒醋局胡同，他们在那里买了一处大院子。

说到了“局”，北京有很多叫“局”的地名，越是老地图，上面的“局”就越多。侯仁之先生主编《北京历史地图集》的“明北京城”地图上，仅“万岁山”以北，就有“兵仗局”、“织工局”、“巾帽局”、“织染局”、“火药局”和“酒醋面局”等。上述这些“局”，分属内府24衙门。圈儿外也有专为皇家服务的“局”，如北城根儿的“酒醋局”，是明代宫廷的“外厂”，即生产御用酿品的工场、作坊。

这里，我们要注意的是，“酒醋局”和“酒醋面局”是有区别的：“酒醋局”是明代宫廷的“外厂”，即生产御用酿品的工场、作坊；“酒醋面局”为明代内府24衙门之一，由掌印太监一员领之，皇帝的奖赏有时是上千坛酒。“酒醋局”不单单提供酒，还提供一些副食品给皇宫。因此，这个“酒醋局”“掌内宫、宫人食用酒、醋、面、糖等物”，“与御酒房不相统辖”。

明亡后，“酒醋局”和“酒醋面局”都不复存在，只留下两个名为“酒醋局”的胡同：钟楼北边的“酒醋局”20世纪60年代改叫国旺胡同；景山附近的“酒醋面局”，现在改叫东板桥东巷。

另外，北京还有一些地名因与明代官办金融机构有关，也称为“局”。如东四北大街的香饵胡同里有“宝泉局”。这是大明朝廷铸造钱币的地方。

民间有些行业或集市，在老北京嘴里也称“局”，比如“果局”“帽局”“药局”等。近代北京最有名的“果局”在德胜门内的果子市大街，是京西、京北果品的集散地，并因此得名“果子市”。《析津志》记载，在钟楼街西、南有“皮帽市”和“帽子市”。所以今地安门外大街有“帽儿胡同”“帽局胡同”。这些“局”大多具零售、批发、存储的功能，附近必有相关设施，比如“果局”就离不开冰窖。德胜门里有果子市，城外就有冰窖口胡同。后来前门的果子市兴旺起来，附近的东珠市口和打磨厂也有冰窖。

在老古玩、玉器行和旧货行，有许多不设门脸儿，或不在门市交易的情况，老北京人称为“内局”。因为这些行业经营的商品体积小、价值大，且具风险性，所以商品的收购或转让往往是在茶馆里商谈，兼有联络感情和行情信息交流等内容。比如，玉器行人就常在花市“青山居”对面的茶馆聚会。旧时，北京有串胡同收旧货的商人，左手握两寸皮鼓，右手持竹棍，以鼓为号，招揽生意。其中有本钱多、眼力精的打鼓人，身穿长衫，腋下只夹一个包袱皮儿，专收珠宝玉器，称为“打硬鼓的”。前门外粮食店是打鼓商聚集的地方，其中这些人聚会的地方，称“包袱斋”。他们在这里交流“哪条胡同的王爷落了架”，“哪家的使唤人能往外顺东西”等信息。他们在北京人熟地熟，又多是亲戚或“发小儿”，再加上事先定好招数，互相配合，不出一个礼拜就能“憋”到宝。老北京人称其为“做局”。

所有这些“局”，不管是官署还是行业，都要讲究一定的规矩，这称为“局气”。胡同里的孩子，不论是拍“洋画儿”，还是玩“官军捉贼”，也都要遵守一定的规矩。“不跟他玩儿——他不‘局气’！”您瞧，不懂规矩，连游戏的资格都没有啦。

李连英的新家到底在哪个酒醋局胡同呢？应该是在今天钟楼北边的国旺胡同。家搬了，李连英一家人的生活也从此好了起来。

当然，人们都说好事成双，人们都愿意双喜临门。李连英家也不例外。

这个时候的李连英家，又添人进口啦。早在李连英进宫以后，曹氏又生了两个女儿，都是在海淀大有庄生的。另外，在河间老家的李连英的哥哥，这个时候也搬到北京来了。瞧瞧，这一大家子人，除了李连英之外，四男二女，再加上父母，足足八口人，好不热闹。

家是搬了，可是小太监李连英的工作有什么变化没有呢？

很多书上说，这个时候的李连英已经换了一份工作，成为慈禧太后身边的一个红人，成了慈禧太后身边的梳头太监了。是这么回事么？

要说到李连英成为慈禧太后身边的梳头太监啊，我们还得从一个关于小太监李连英学梳头技术的故事谈起。

3. 慈禧太后的心事

故事说的是啊，原来的懿贵妃一成为大权在握的慈禧太后之后，更加骄横跋扈，不可一世。宫中自古就有“母以子而贵”的风气，她是同治皇帝载淳的生身之母，自然平添几分身价。

咸丰皇帝承德驾崩，载淳即位，说是两宫垂帘听政，其实慈安太后淳厚、善良，可做贤妻良母，却不是驾驭政治的好手，遇事老拿不出主意，久而久之大权即在慈禧太后掌握之中了。再说，小载淳即位时才几岁，就是再天生圣明，年龄在那儿放着。慈禧太后自然是如鱼得水。

慈禧太后有一头长长的黑发，散下来如小瀑布一般，慈禧太后对她那头黑发特别珍爱，她一珍爱不打紧，专司负责给她梳头的梳头房的太监吃不消了。

原来，每天早晨专门给慈禧太后梳妆打扮的太监是一个在宫里面时常装傻充愣的老太监，名字叫做沈二顺。说到沈二顺装傻充愣，其实也是一种自我保护手段，省得让人嫉妒。可是，这个沈二顺红了不久，忽然腿上闹流火，也就是腿上长疙瘩了，也就暂时不能给慈禧太后当差梳妆打扮了。

这个时候，宫里从太后到宫女都是千篇一律、几十年不变的老式发型，这早已使她感到厌烦。无可奈何的慈禧太后听说在当时的京城里正流行一种既新颖美观又高雅脱俗的发式后，跃跃欲试。

于是慈禧太后就先后换了几个梳头的太监给她变换花样梳妆打扮，但是结果都很不理想：他们不是把慈禧太后的发根松紧扎得不合适，就是独有一撮发根留在外头。慈禧太后心中很是不高兴，不是这儿不对，就是那儿不对，反正就是合不了她的心意。不合她心意当然得惩罚，慈禧太后一声令下，梳头的太监就得战战兢兢匍匐在地，任她指挥人痛打一顿出气。

太监们每天当班以后，梳头房剩余的太监静坐喝茶，一听见长春宫正房有人声嘶力竭地大叫，便会高兴得眉开眼笑，因为一挨打，这命至少是保住了。死罪免去、活罪难逃一向是执法的准则。大家伙儿在梳头房听着长一声短一声的嘶叫甚至还会非常高兴地打着拍子击掌庆贺。可万一遇到一整天没听见长春宫有动静，大家伙儿就开始提心吊胆了，慈禧太后没有哪天不打人的，除了她那天杀人了。所以，此时十之八九这几位太监的命就不明不白葬送进去了。因梳头而获死罪的大多是因为梳掉了头发。

其实掉头发是很正常的生理现象，你就是保养再得法，也没法避免头发中的一部分老化脱落，再高明的梳头师他也得梳下几根断了的头发。想想这些断头发真够得上尊贵，一根就是一条人命。断头发倒也没啥，梳头房的小太监个个练得眼明手快，一旦发现有断发立刻会趁西太后不注意而把它藏起来。真万一被逮住那是该你阳寿已尽，也无怨言。可是最后，西太后脾气突然又变了，不喜欢看打人屁股，喜欢上了打人嘴巴，这下惨了，十多天来每次去梳头的太监回来后都成了“猪八戒”。人有脸，树有皮，打人不打脸，骂人不揭短。西太后把这些太监一个个打得脸上胖出好几圈，连门都没法出。大家伙儿当然不愿再去梳头。

一天，太监们在临时休息的房间内闲聊，偶然提起这件事。说者无心，听者有意。颇有心计的小太监李连英心想，如果自己能够梳出几种新发式，也就可以长期留在慈禧身边，那今后自己的前途也就有希望了。

4. 李连英苦练绝艺之谜

于是，小太监李连英就施展浑身解数死磨硬缠沈兰玉，终于通过沈兰玉的关系，买通首领太监，领了出入腰牌——太监是不能随便出入禁宫的，要想自由出入禁宫，必须有出入腰牌。

李连英出了禁宫，先在家和爹妈兄弟好好亲热了一阵，看看时间已过去六七天，于是开始盘算怎么学梳头手艺的事。

俗话说，馋做买卖懒出家，想看媳妇卖绒花。这话一点也不假。李连英盘算来盘算去，就把主意打到这上面来了，不过他看的不是媳妇，而是烟花女子。

李连英未进宫前耳闻过不少勾栏院的事，而且还亲眼见过些烟花女子。

他深知女人里边最会打扮的应该推她们为尊，因为这些女子打扮得迷人一些是职业需要，有哪个男人不喜欢花枝招展的女人而独独青睐蓬头垢面的妇人，那他必是傻瓜无疑。况且这两天李连英走东家串西家也把必要的情况摸了个八八九九。

李连英找个杂货店买了一个小竹篮，篮里装了些生发油、宫粉、胭脂、绒花、通草类的闺秀梳妆之物，从此叫卖于八大胡同的花街柳巷，出没于妓院粉头之中。

其后的十多天内，每天日上三竿时，正当“清吟小莲”的姑娘们梳妆打扮之际，“生发油，宫粉胭脂啊！”的悠扬叫声便会传入她们的耳鼓，进而打动她们的心弦，只闻得一阵香风，只听得一片珠落玉盘的“格格”娇笑，只觉得眼前一花，一个个浓装丽服，粉面桃腮的姑娘移动金莲，婷婷娜娜而来，如风摆杨柳、雨打芭蕉；再看那发式，有的如喜鹊登枝，有的如孔雀开屏，有的如天上云霞，有的如水中波影。李连英一边暗暗赞叹姑娘们丽质天生，更擅打扮，一边细细观察揣摸那些发式，一一记在心里。时间不长，他和这些倚门卖笑的姑娘们混得厮熟，有时竟得以登堂入室去卖，这也给了他不少方便，让他隔着“水晶帘”细细地看姑娘们梳理青丝、盘缕发髻的技法，如此这般一来，到离约定期限还有七八天光景时，京城内妓院里的各种梳头样式差不多都让他看了个遍，学了个遍。

功夫不负有心人，经过一段时间的模仿、苦练，李连英终于熟练地掌握了大约 30 种新发式的梳理方法。

5. 李连英讨得慈禧太后喜欢之谜

回到宫中，李连英主动找到了自己的师傅刘多生，把学到的手艺添枝加叶述说一遍。当下师傅刘多生把慈禧太后的脾气、喜好、忌讳，怎么献茶请安，怎么三拜九叩以及应该仔细注意的地方细细地给这个小徒弟说了一遍，李连英一一点头称记下了，只等第二天上去当差。再说这个梳头房太监的总管听说来了一位梳头巧手，会梳时下流行的最新发式，就像得了救星一样高兴。

第二天一大早，踌躇满志的李连英忐忑不安地跪倒在慈禧太后的身后，从前面的大镜子里，仔细端详了一番慈禧太后的脸型，凭着前一阵子摸索出的经验，大胆地做了一种新的发式。

慈禧太后从镜子里看着身后这个年轻太监认真的模样，不由得产生了好感。很快，李连英梳好了头，插戴好金银首饰，又别上一支鲜艳夺目的牡丹花。慈禧太后坐在镜前，左右端详了半天，欣赏着新的发式，甚为满意。

李连英还深入研究慈禧太后的心理，慈禧太后最怕梳头掉头发，李莲英就一边给慈禧太后梳头，一边讲笑话或市面上听到的逸闻趣事，借此分散慈禧的注意力，一边把梳掉的头发，悄悄地装入袖筒之中。这样，他梳的头样式又好看，又没见掉头发，深受慈禧太后喜欢。

从此以后，李连英凭着一表人才的长相和高人一等的梳头手艺讨得慈禧的欢心，终于被慈禧太后看中而成了梳头房的中坚力量，给慈禧太后梳头就成了李连英的“专差”。

李连英通过自己的努力，很快就被慈禧太后提升为梳头房首领兼敬事房首领，御前近侍。李连英自此也跻身于慈禧太后面前的红人之列。他还通过自己的努力，免去了梳头太监的“杖刑”和“板刑”。以至当他休息时，那些太监们宁愿自掏腰包贿赂他，只求他不要休息，仍负责侍候西太后。

此时的李连英已经感觉到，他飞黄腾达的梦想，很快就要实现了。

那么，我上面讲的这个故事，全都是真的么？

6. 故事真假的区分

其实，这个故事的内容，有真有假。这就需要我们认真地加以区分。

我们首先说这个真的。这个故事最真实之处就是以下两点。

第一，李连英这个人，还真的是从给慈禧太后梳头开始蹿红的；

第二，李连英学习梳头，还真的是很下功夫的。

但这个故事，也有很多虚假的地方。

第一，李连英学习梳头的时间不对。故事上说的是李连英在辛酉政变前后就已经在慈禧太后身边上班了；但实际上，李连英直到 1864 年他 16 岁的时候，才调到长春宫慈禧太后跟前的。

第二，李连英学习梳头不可能是在八大胡同学习的。这有以下几个问题。

一、前面我们说过，小太监李连英通过行贿首领太监，领了出入腰牌。我们知道，太监是不能随便出入禁宫的，没有特殊的情况，谁也不可能为小太监李连英擅自发放出入腰牌；即使侥幸，大家觉得你的这个事情非常重要，出入腰牌发放给你了，但你使用一两次可以，一下子一个月，这可不是一个短时间，整整一个月，你一个人占据了一个腰牌，万一别人有什么特殊的事情，这可怎么办啊？

二、小太监李连英在宫里可是有工作的，他出去了，谁来顶替他的工作啊？您以为这堂堂的紫禁城是客栈啊？想出就出，想进就进？您离开了，谁都不闻不问，不管，不知道？这还是紫禁城么？

三、前面我们说过，小太监李连英的家已经从今海淀区青龙桥地区颐和园北面的大有庄搬到了距离紫禁城非常近的酒醋局胡同，可是这个故事中的小太监李连英学习梳头的技术是在八大胡同。这里，我们要注意，这个八大胡同可在宣武门外啊，这中间的距离可是不近啊！

四、不管怎么说，李连英是个太监。您见过一个小太监，混迹于烟花柳巷的吗？您以为人家八大胡同的这些“小姐”们，她们的眼睛都是出气的？

难道我们真相信慈禧太后的发型是跟八大胡同的妓女学的这种说法吗？不可能！

我们既然否定了李连英学习梳头是跟八大胡同的妓女学的这种说法，那么李连英是跟谁学习梳头的呢？

非常简单。其实，我们在前面一直在说，李连英他们家一开始在北京落户的时候是在西直门外堂子胡同租了一座坐东朝西的三合房，他们家在这里开着名为“永德堂李皮作坊”的熟皮子作坊，晚上也居住在这里。

就在“ 永德堂李皮作坊”附近，其实也开着很多相当于我们现在所说的“发廊”的门面的。聪明伶俐的李连英耳濡目染之下，很快就学会了一点皮毛。而李连英一旦知道慈禧太后需要一个梳头的小太监的时候，只要借回家探亲之机，向周围的理发店学习一番也就可以了。

不管怎么说吧，自从 1864 年以后，小太监李连英开始伺候慈禧太后了，他的飞黄腾达的梦想已经指日可待了。

就在这个时候，一个与李连英关系非常密切的太监的意外死亡，突然改变了李连英的一生！这个太监是谁呢？他的死对李连英有什么影响呢？

第十讲 遭受重创（安得海之死）

自从 1864 年以后，小太监李连英调到长春宫慈禧太后跟前，为慈禧太后梳头，也就等于是从 1864 年以后，小太监李连英开始成为自己的师哥安得海的属下。

有很多的材料里说，在这一时期，李连英与安得海之间的竞争非常激烈！当然了，各种材料里所说的也并非空穴来风：您想啊，李连英在辛酉政变中为慈禧太后一方的胜利立下了汗马功劳，可是为什么在辛酉政变成功之后，功劳巨大的李连英却成为安得海的手下呢？这事，搁在谁的身上，谁不急，谁不争啊？

那么，在历史上，李连英与安得海之间真的出现过激烈竞争吗？

在分析是否有这种可能性之前，我们必须首先了解一下安得海其人。

1. 懿贵妃的心腹安得海

俗称小安子的安得海与小李子（李连英）、小德张（张兰德）并称为清宫著名三大太监，人送外号“三小”。值得我们注意的是，这三个人，都出自河间府。

根据梁从惠先生所写的《浅谈清宫著名大太监“三小”》一文，我们知道，绰号小安子的安得海，祖籍河北省南皮县，其祖父时，迁居河北省青县汤庄子村。小安子在1844年出生于直隶河间府青县城西汤家庄一个极贫苦的农民家庭里。父母所生二子一女，安得海为长。

安得海的父母早亡，其弟妹三人由叔父安邦泰收养。他的叔叔也是个赤条条的穷光棍儿，根本无力抚养他们兄妹三人，日子过不下去了，只好让八九岁的安得海到本村财主张玉珠家扛小活，干些看孩子、扫地、推磨等杂活。

这个时候，安得海的收入极其微薄，全家难以糊口。迫不得已，愁苦中的安得海想到了摆脱困境、求生存的一个捷径——阉割入宫当老公。1855年，11岁的安得海进宫。

11岁的小安子年纪虽小，但却机智灵敏，嘴乖舌巧，长得又很柔媚，颇叫人喜爱。进宫后被选为御前太监。咸丰皇帝看他很机灵，要他拜三大殿掌管玉玺的首领太监刘多生为师。用现代的话说，皇上看他是个“苗子”，确定专人重点培养。

后来，咸丰皇帝宠幸叶赫那拉氏（即后来的慈禧太后），多由他传谕。那拉氏是个很有心计的人，当时她还是个懿嫔，也不得不讨好小安子，好让他在皇帝面前替她美言。到那拉氏22岁那年，生下载淳（即后来的同治帝），咸丰皇帝不胜欢喜，将那拉氏晋升为懿贵妃。贵妃得宠，便把小安子要到自己的手下。因小安子生得俊俏，又善于阿谀奉承，对刺探别人的隐私独具本领，所以深得懿贵妃的赏识。当时懿贵妃住在西六宫的储秀宫，共有14名执役太监，其中小安子被封为八品侍监，即首领太监之一，成了懿贵妃的心腹。

您还别说，这个小安子，在随后发生的辛酉政变中与李连英一样，也为慈禧太后一方的胜利立下了汗马功劳。可问题在于，既然我们认为这第一次替慈禧太后给恭亲王奕䜣送信，从而促使这帝后、帝胤两大势力迅速勾结到一起一事归结为是李连英的行为，那这个安得海到底立下了什么功劳从而促使慈禧太后更加喜欢安得海呢？

2. 辛酉政变中的安得海

前面我们说过，1860 年，英法联军进逼京师，咸丰皇帝见形势不妙，便以“秋狝木兰”为名，携带后妃皇子及王公大臣逃往承德避暑山庄，小安子随往。1861 年，咸丰皇帝驾崩，6 岁的儿子载淳继位。

这里，还有一个情节要引起我们足够的关注。咸丰皇帝对那拉氏一直存有戒心，临终前的咸丰皇帝给慈安皇后下了手谕：

“咸丰十一年三月初五日谕皇后：朕忧劳国事，致撄痼疾，自知大限将至，不得不弃天下臣民，幸而有子，皇祚不绝；虽冲龄继位，自有忠荩顾命大臣，尽心辅助，朕可无忧。所不能释然者，懿贵妃既生皇子，异日母以子贵，自不能不尊为太后；惟朕实不能深信此人，此后如能安分守法则已，否则著尔出示此诏，命廷臣除之。凡我臣子，奉此诏如奉朕前，凛遵无违。钦此！”

当然，这个故事是否真实，我们已经无从考证。因为，在我们所能够看得到的《清史稿》当中，并没有这一记载；另外，即使历史上真的发生了这样一件事，本着为尊者讳的原则，这样的史实也不会被正史记录在案。

因此，一般而言，关于上述这件事情的真假，我们只能是仁者见仁、智者见智了。不管怎么说，我们应该认为，无风不起浪，这样的故事必然有它的出处！

这样一份重要的谕示，竟然被安得海知道，他又冒着杀头的危险，透露给那拉氏。从此，那拉氏待安得海为心腹。

然后，便发生了李连英和安得海先后替慈禧太后给恭亲王奕䜣送信，从而最终促成了辛酉政变的成功。

3. 安得海和李连英的关系之谜

话说到这里，我们必须要分析下面的问题：成功之后，为辛酉政变的成功、为慈禧太后的夺权立下了汗马功劳的两位大功臣——李连英和安得海，慈禧太后会如何赏赐他们呢？

慈禧太后赏赐李连英，前面已经介绍了，1000 两银子，不少；但跟给安得海的赏赐比，这是完全没有办法对比的。真应了那句话，人比人得死！

瞧瞧慈禧太后给人家安得海的赏赐，钱自不必说，肯定不少于李连英，可是安得海还在辛酉政变之后马上被提升为慈禧太后所住长春宫的总管，还被授予六品顶戴之衔呢。而直到 1864 年，李连英才在自己的刻苦努力下，被调到长春宫慈禧太后跟前，提拔为梳头房的太监，为慈禧太后梳头，成为了安得海的属下。

您说说，这哪儿说理去啊？李连英能不气愤？能不与安得海勾心斗角？

这回，您还真的没有猜对。首先您得知道，慈禧太后为什么给人家安得海的赏赐多？那是因为安得海所立下的第一个功劳属于慈禧太后一个人的秘密，关系到慈禧太后的身家性命。

其次，您得知道这安得海和李连英的关系。第一，他们是河间同乡，如果没有这点，他们河间人能在这大墙之内稳稳地站住脚跟？第二，他们还是师兄弟。第三，安得海比李连英年长四岁。因此，说这个李连英生气，那可以，的确有点不高兴，最起码他心里面肯定不高兴；但要说他们之间争得你死我活，过了！

安得海的迅速提升，到底是好事还是坏事呢？他会怎么管理自己的属下李连英呢？

4. 慈禧太后的宠儿安得海

人称“安大总管”或“安二爷”的安得海被提升为慈禧太后所住长春

宫的总管之后，迅速地飞黄腾达起来。飞黄腾达之后的安得海胆大妄为，忘乎所以，简直成了明末魏忠贤式的人物。

聪明伶俐的安得海最大的能耐就是善于察言观色，赢得慈禧太后的欢心。

安得海最懂得慈禧太后的心。慈禧太后 27 岁守寡，那颗孤独寂寞的心，在夜深人静的时候，只有她自己独自品味，也只有她自己独自承受。

自从有了安得海，慈禧太后感觉好多了，感到在她最孤独、最寂寞的时候，终于有一个可以理解、可以倾诉而又值得依靠和信赖的人，这就是安得海！

根据 1910 年英国人布兰德与白克浩斯两人合著的《慈禧外传》记载，两宫垂帘听政之后，政权不稳，载垣逆谋余波仍未平息，又有谏官上奏，指责宫中豪华奢侈，言之凿凿。年轻的慈禧太后刚愎自用，此时已经开始听不进批评之言，同时她深信随身太监对自己忠心无二，不会犯错，于是毫无改正之举。于是，安得海迅速成为慈禧太后的贴身随从和密使，后来甚至成了慈禧太后的智囊和左膀右臂。慈禧太后所有的计划和决定都要与之商议，当然安得海也从中渔利不少。

另外，慈禧太后喜欢看戏，安得海便投其所好，特地在太后一年之中大约有五个月的时光逗留其中的西苑，建造了一座精巧绝伦的大戏楼供太后看戏，并专门召集了一班一流梨园子弟，排演戏剧，供太后享乐。太后在安得海的照料和陪伴下，吃、喝、玩、乐，样样舒服，高兴的时候还时不时地穿上戏衣，上台走几圈，哼几句，真正是不亦乐乎，忧烦全忘，乐不可支。每当这个时候，安得海常笑容满面地进言：太后像月宫里的嫦娥，真正是仙人儿啊！太后听得眉开眼笑。

每当看见慈禧太后安然端坐的时候，安得海就会恰到好处地说：太后真像那南海观世音菩萨啊，救苦救难，功德无量！安得海本人长相俊美，戏也唱得不错。

不过，慈禧太后也非常注重礼节，看重“面子”，所以对身边道德家们的指责也乐意深表赞同。慈禧太后当政的最初几年，经常可以看到此类语言得体的诏书，但其中的诚信度却令人怀疑，实际上也从未有人把诏书所言当真。下面这份诏书颁布于慈禧太后垂帘的第三年，即1864年，非常具有典型性。

“乃本日据贾铎奏称，风闻太监演戏，费至千金，并有用库存缎匹裁作戏衣之事。览奏实堪诧异，方今各省军务未平，百姓疮痍满目，库帑支绌，国用不充，先皇帝山陵未安，梓宫在殡，兴言及此，隐恸实殷，又何至有如该御史折内所称情事？况库存银缎，有数可稽，非奏准不能擅动，兹事可断其必无。”

1866年，两位敢于直言的谏官再度上奏，痛斥安得海胡作非为。奏折中说：

“皇帝贴身太监的遴选应多加慎重。前明之所以灭亡，直接原因就在于宦官为乱。此等小人巧舌如簧，深谙恭维之术，往往以小忠小信向主上邀功，得其信任喜爱。凭借皇帝的信任和保护，这些人结党营私，地位逐渐稳固，以至最终坚不可摧。为了避免此等悲剧，臣等恳请皇上身边之人应老成持重，品行兼优。主上应该摒弃貌美的年轻太监，以防这些小人蒙惑上听，图谋不轨。”

慈禧太后以皇帝之名对这份奏折的批复为：

“奏折所言极是。宦官扰乱朝纲之事史上历来多见，我朝深以为戒。自大清始建以来，列祖列宗圣明有加，不仅明令禁止太监干预国事，而且不许他们夺取圣听。因此，近二百年来，这些跳梁小丑根本没有机会扰乱朝纲，太监乱政之事已成历史陈迹。垂帘听政以来，两宫太后也严格遵守我朝家规，禁止奸佞小人接近主上。阅览此奏折，朕如履薄冰，深感太监为害之严重后果。特命如有太监欺上瞒下，必立即严惩不贷。百官大臣对于此类奸人应及时禀报朝廷，好做处罚。朕希望所有太监应忠诚耿直，远离奸邪。”

表面看来慈禧太后欣然纳谏，但实际上，深宫中吃喝玩乐的生活依然如故，而安得海对慈禧太后的影响更是有增无减。京城酒肆茶楼中广为流传，说安得海口出一言犹如圣旨一般；慈禧和安得海经常身着戏装在御花园游玩；安总管还穿着只有皇帝才可以穿的龙袍；太后还公然赐予他象征皇族权力的玉如意。在这种形势下，一些夸大事实的流言难免流传于大街小巷。有的说安得海根本不是太监，更有甚者说慈禧和他还生了一个私生子。还有许多类似的栩栩如生的故事，都是关于内宫的荒淫无度，或者是戏子伪装成太监入宫，后来被关入地下冷宫之类的传闻。当然，此类传言大都毫无根据。但这也是由于咸丰皇帝执政时期，朝纲紊乱，内宫失纪，后来慈禧太后又宠信太监，遂使谣言频生，京城内议论纷纷。其实慈禧是借此沽名。

慈禧太后离不开安得海，从饮食起居到休息就寝，安得海成了她身边一刻也不能少的人物。安得海长得端正，身材也很标致，皮肤保养得也好，他每天恭恭敬敬、一丝不苟地侍候着慈禧太后，连慈禧太后就寝都不离左右。于是，慈禧太后私幸安得海、小安子是假太监之说，就甚嚣尘上。

慈禧太后宠爱安得海，戏称他为人精儿，爱称为小安子。宫里宫外，无论何人，都怕安得海，连慈禧太后的独子、年轻的同治皇帝也怕他三分。

5. 胆大妄为的安得海

1868 年冬天，气焰熏天的安得海，竟然在北京最大的酒楼前门外天福堂大酒楼张灯结彩，大摆酒宴，正式娶徽班唱旦角的年方 19 岁的美人、艺名九岁红的马赛花为妻。慈禧太后为了表示宠爱，特地赏赐白银 1000 两，绸缎 100 匹。

太监娶妻的新闻，在北京的大街小巷迅速传播，各种趣事艳闻，不胫而走。

安得海娶妻，更助长了这一传闻。

不过，慈禧太后确实是很爱小安子，无论什么好吃的，总要先给小安子留一份；无论有什么名贵的衣服，只要有可能，总要赏赐给小安子；如果有什么好玩的东西，常问小安子有吗，赏小安子！

有的书上记载说：慈禧太后宠安得海，语无不纳。其后，遂干预政事，纳贿招权，肆无忌惮。

一次，慈禧太后正与安得海闲谈的时候，总理政务的恭亲王有军国要事请求太后召见。可太后为了和安得海玩乐，竟然推辞不见！一脸愠色的恭亲王无奈地退下，恼羞成怒，恨恨地说：不杀安得海不足以对祖宗、振朝纲！

安得海得知以后，逮着机会，就进谗言，损毁恭亲王。不久，慈禧太后就削掉了恭亲王议政王之职，亲王失宠。

此事传到了年轻的同治皇帝的耳朵里，皇帝气恨不已。有一次，皇帝也逮着个机会，狠狠地训斥了安得海一顿。安得海一肚子委曲，竟然向皇帝的母亲慈禧太后倾诉，慈禧太后不仅不责骂太监安得海，反过来训斥自己的儿子同治皇帝。

年轻的皇帝真是气昏了头，跺着脚，在宫殿内来回地走，气恨恨地骂，并特地做了一个小泥人，做得和安得海一模一样，然后，皇帝骂着安得海，骂一句，毁一只手，骂一句，去一条腿，最后狠狠地砍掉了小泥人的脑袋。近侍太监惶惶地问皇帝：这是怎么啦？皇帝气愤地说：杀小安子！

机会真的来了。

6. 安得海之死

1869年，各地人民起义暂时被清政府镇压下去了，洋人侵略也暂时消停，小安子在宫中不耐烦想出京游赏一番。其目的一是为了游山玩水；二是为了抖威风；三是想趁机将在京城弄到不便出手的珠宝到江南变卖，以便从中渔利。

这时，同治皇帝年逾成童，两宫欲替他纳后，派恭亲王等会同内务府及礼部，预备大婚典礼。小安子乘机密请，拟亲往江南，督制龙衣。

慈禧太后对同治皇帝说：皇帝大婚快到了，叫小安子到广东为皇帝大婚置办龙衣。同治皇帝表面上同意了，心里却说：好，机会终于来了！同治皇帝密谕山东巡抚丁宝桢：拘捕安得海。

清廷对于太监的管理和约束十分严厉。清顺治皇帝入关以后，宫内设立太监，但立下严格的规矩，特地在后宫正宫之乾清宫后面的交泰殿内，立下铁牌，上书：

“太监但有犯法干政、窃权纳贿、嘱托内外衙门、交结满汉官员、越分擅奏外事、上言官吏贤否者，即行凌迟处死，定不姑贷。特立铁牌，世世遵守。”

安得海带一干男女，顺运河南下。他以皇太后钦差自居，穿一身御赐龙衣，船上悬挂着迎风飘扬的日形三足乌旗，船边飘荡着五彩缤纷的龙凤旗帜。随行的官兵、苏拉、妻妾、太监、宫女、僧人等数十人，个个光鲜照人，分乘两条大船，浩浩荡荡，气势非凡。

素以严刚有威著称的山东巡抚丁宝桢，深得同治皇帝和慈安太后器重。丁氏接皇帝密旨后，立即密嘱德州知州赵新：传闻安得海将过山东，如见有不法事，可一面擒捕，一面禀闻。赵知州是官场老手，特地以夹单禀报：如果丁氏不参奏，夹单非公事例行不存卷；如果参奏，丁氏祸福自当之。

丁氏一面上奏，一面派遣东昌知府程绳武追赶。程氏尾追，三日三夜，不敢动手。丁氏命令王正起追赶捉拿，到泰安才将安得海擒获，解往济南。

一路上，安得海口出狂言：我奉皇太后命，谁敢犯者，徒自速死耳！许多官员真的不敢动他，但巡抚丁宝桢却敢，他毅然不顾，认为朝旨未可知，先杀之！

泰安知县何毓福一看要动真的，知道非同小可，长跪力谏，请求等候朝旨。

丁宝桢凛然正色地说：宦竖私出，非祖制。且大臣未闻有命，必诈无疑！

当天晚上，丁宝桢下令，杀了安得海，为了满足人们的好奇心，将安氏暴尸 3 日。安氏随行的 20 余人，也一律处死。但又有 6 人逃脱，后来其中 5 人被捉拿处死。安得海所带的珍宝，也全部没收：翡翠朝珠一挂，碧霞朝珠一挂，珍珠鼻烟壶一个，大珠 5 颗，元宝 17 枚，骏马 30 余匹，碧霞犀数十块，黄金 1150 两。安得海的家人发配西北边关，充作军奴。

安得海被处死几天后，那名逃脱的太监返回京城，通过李连英把这个消息告诉了慈禧太后。丁氏的奏章，也随之送到京师。

起初，慈禧太后几乎不敢相信，一向胆小怕事、不爱抛头露面的东宫太后竟然不与自己商量，径自颁布两道懿旨，无视严重后果。

待终于明白过来之后，慈禧太后怒不可遏，当即直奔仁寿宫，怒气冲冲地质问慈安太后。慈安太后心惊胆战，将责任都归于恭亲王，但这仍然不能平息慈禧太后之怒。慈禧太后与慈安太后争执一番后，恨恨地拂袖而去，发誓要报此仇。

慈禧太后阴沉着脸，召集恭亲王奕䜣、军机大臣和内务府大臣，商议对策。众大臣异口同声：太监，祖制不得出都门，犯者死无赦，当就地正法。

小安子人亡家败，成了大清王朝的牺牲品——仅活25岁的短命权监。

小安子死了，他的死，给李连英带来的到底是福还是祸呢？

第十一讲 深刻的教训

1. 安得海被杀只是众多矛盾的导火线

慈禧太后知道安得海被杀的事情之后，本身是非常愤怒的。她知道，安得海被杀事件，不是那么简简单单的一件事情。这里面，复杂着呢！

安得海被杀事件，不是简简单单的安得海胆大妄为、忘乎所以的问题。这件事情的背后，还隐含着诸如同治皇帝与以慈禧太后为首的皇太后的矛盾、以恭亲王奕䜣为首的帝胤集团与以慈禧太后为首的帝后集团的矛盾、地方官僚体系与中央国家机关的矛盾、汉族地方实力派集团与满洲上层贵族集团的矛盾、两宫皇太后内部的矛盾等等。而上述所有矛盾的焦点恰恰都集中到了慈禧宠爱太监问题上。

而安得海被杀事件，只是众多矛盾的导火线而已。

慈禧太后知道，自己如果不把安得海被杀事件处理好的话，很有可能满盘皆输，最终很有可能导致大清王朝的灭亡！我说这话，可完全没有小题大做的意思。不过，要想真正全面理解安得海被杀事件，我们必须首先要了解一下安得海被杀事件的制造者——丁宝桢其人。

2. 丁宝桢与“宫保鸡丁”

说起丁宝桢，那可是大名鼎鼎。

很多的朋友可能都觉得，大名鼎鼎？这人是谁呀，我怎么这么不熟悉啊？可是我要说一道菜名，您可能就很熟悉了。什么菜名呢？“宫保鸡丁”啊！

有的朋友就更不明白了,这“宫保鸡丁”跟您说的丁宝桢有什么关系呀？

那，关系可就大了去了！您不知道吧？这“宫保鸡丁”原来本是丁宝桢家的私房菜，菜名来自他官衔的别称。

现在大大小小的中餐馆中，“宫保鸡丁”这道菜可谓司空见惯。可是，我们在饭店的菜单上经常见到同样的菜有写成“宫保鸡丁”的,还有写成“宫爆鸡丁”的，到底哪个正确呢？

告诉您吧，正确的应该是“宫保鸡丁”，而不是“宫爆鸡丁”。认为“宫保鸡丁”的烹制方法为“爆炒”而写成“宫爆鸡丁”，其实是一种误解，没有弄清楚“宫保鸡丁”的由来。

说到“宫保鸡丁”，当然不能不提它的发明者——丁宝桢。据《清史稿》记载：丁宝桢，字稚璜，生于1820年，贵州省平远县（今织金县）人。1853年中进士，1876年10月任四川总督。据传，丁宝桢对烹饪颇有研究，喜欢吃鸡和花生米，尤其喜好辣味。他在四川总督任上的时候创制了一道将鸡丁、红辣椒、花生米下锅爆炒而成的美味佳肴。这道美味本来只是丁家的“私房菜”，但后来越传越广，尽人皆知。但是知道它为什么被命名为“宫保”的人就不多了。

所谓“宫保”，其实是丁宝桢的荣誉官衔。据《中国历代职官词典》上的解释，明清两代各级官员都有“虚衔”。最高级的虚衔有太师、少师、太傅、少傅、太保、少保、太子太师、太子少师、太子太傅、太子少傅、太子太保、太子少保。上面这几个都是封给朝中重臣的虚衔，没有实际的权力，有的还是死后追赠的，通称为“宫衔”。在咸丰以后，这几个虚衔不再用“某某师”而多用“某某保”，所以这些最高级的虚衔又有了一个别称——“宫保”。丁宝桢治蜀十年，为官刚正不阿，多有建树，于1886年死在任上。清廷为了表彰他的功绩，追赠“太子太保”。如上文所说，“太子太保”是“宫保”之一，于是他发明的菜由此得名“宫保鸡丁”，也算是对这位丁大人的纪念了。

时过境迁，很多人已不知“宫保”为何物，就想当然地把“宫保鸡丁”写成了“宫爆鸡丁”，虽一字之差，但却改变了纪念丁宝桢的初衷。

但问题在于，为什么丁宝桢杀掉了慈禧太后最为欣赏的大太监安得海之后，慈禧太后却不敢借机报复一下丁宝桢，反而给丁宝桢不断地加官晋爵，最终让他做到“宫保”的位置了呢？难道这个丁宝桢真的是有什么让慈禧太后害怕的本事么？这还要从丁宝桢的具体功劳谈起。

3.“中兴名臣”丁宝桢

说起丁宝桢为大清王朝立下的汗马功劳，那可是非常了不得的。知道曾国藩、李鸿章、左宗棠、张之洞这些人吧？丁宝桢与他们齐名，是大清王朝的“中兴名臣”。为什么叫作大清王朝的“中兴名臣”呢？话还得从大清王朝的中衰说起。

我们知道，大清王朝到了乾隆晚年，实际上就已经走下坡路了，而到了嘉庆、道光年间，这衰落就已经呈现出加速的趋势了，最终导致道光、咸丰年间外患内忧先后发生：外患是两次鸦片战争，内忧则是两场农民起义，即从南方开始的太平天国运动和从北方开始的捻军起义。

所谓大清王朝的“中兴”就是大清王朝通过签订出卖国家领土和主权的不平等条约的手段结束了两次鸦片战争之后，又通过动用曾国藩的湘军、李鸿章的淮军和左宗棠的楚军等汉族地主官僚的民间自办团练武装镇压了太平天国运动和捻军起义，从而暂时稳定了摇摇欲坠的大清王朝局势，这就是后人所谓的“中兴”，而为镇压太平天国运动和捻军起义的这些所谓的“功臣”们就被称作“中兴名臣”。而我们这里要介绍的丁宝桢，恰恰就是同时参与了镇压两场人民起义的所谓“中兴名臣”。

前面我们曾经给朋友们介绍到，丁宝桢是贵州省平远县（今织金县）人，1853 年考中进士后，本来在北京当官，结果遇到母亲去世，按照规定回乡丁忧。

就在丁宝桢回乡丁忧期间，南方发生了太平天国运动。此时的丁宝桢不等政府召唤，就主动变卖家产召募乡兵镇压汉族和苗族起义。很快，因功在 1860 年任湖南岳州知府；1861 年调任长沙知府；1863 年擢升山东按察使。

就是在这个时候，丁宝桢又做了一件让他名声大振的事。

他在 1863 年擢升山东按察使的时候，按规矩去拜见他的顶头上司科尔沁亲王僧格林沁。在拜见僧格林沁的时候，他在门厅里声言：“王设座，则见；不设，则不见。”左右闻言，大惊失色。原来僧格林沁一向傲慢，属下官员求见，从不设座。结果呢，这次，僧格林沁破例，出来迎接丁宝桢，而且对丁宝桢“加礼改容”。

这还没完呢。丁宝桢见到僧格林沁，当众指责其征剿捻军时贼民不分，“用兵缴洗”，滥杀无辜的做法，无疑会“驱民做贼”。丁宝桢铁骨铮铮的威仪，义正词严的态度，不禁令倨傲凶横的僧格林沁怵然心惊，只好收回成命。

就是这件事，一下子就让丁宝桢在官场上名声大噪。您看看丁宝桢这个天不怕、地不怕的人，很有意思吧？

1864 年，丁宝桢迁任山东布政使。1867 年，丁宝桢升任山东巡抚，与李鸿章合力“围剿”进入山东的东捻军。1868 年，西路捻军由定州出发，企图进军北京，京畿震恐，丁宝桢率兵驰援，保护了京城安全，皇帝益器重之，数次降敕褒嘉，加太子少保衔。

诛杀慈禧太后最为欣赏的大太监安得海，就发生在这之后的 1869 年。

您想想，这个时候，如果慈禧太后为了报复而反过来杀掉大清王朝的“中兴名臣”丁宝桢的话，会产生怎样的后果？这种情况下的慈禧太后，应该作出怎样的抉择呢？

4. 慈禧太后的抉择

如果这个时候慈禧太后杀掉丁宝桢的话，一定会让那些手握重兵的诸如湘军将领曾国藩、淮军将领李鸿章和楚军将领左宗棠之类的汉族地方实力派官员心惊胆战，从而产生索性利用自己手中强大的军队造反、推翻大清王朝的想法。而如果真的出现这样的局面的话，无论是对于慈禧太后来说，还是对于大清王朝来说，抑或是对于中华民族来说，都将是一个非常灾难性的、严重的后果。

您想想，洋人刚刚在第二次鸦片战争中得到了他们所想要得到的之后，暂时心满意足地离开中国，元气大伤的大清王朝也在刚刚镇压了太平天国运动和捻军起义之后百废待兴，如果在这个时候中国内部再度出现问题的话，恐怕就不是慈禧太后自己垂帘听政的位置能否保得住那么简单了，也不是元气大伤的大清王朝是否保得住的问题，而是中华民族能否度过生存危机的问题了——本来，这个时候的中华民族，在世界舞台上的生存就已经非常成问题了。

非常精明的慈禧太后可是非常清楚这种局面出现的后果是多么严重的。

因此我们说，这个时候的慈禧太后面对大清王朝的“中兴名臣”、刚刚为了保卫大清王朝的都城北京立下汗马功劳的丁宝桢擅自诛杀自己最为欣赏的大太监安得海一事，是不是只有选择保持沉默才是她唯一正确的选择呢？

这里，我们要说，仅仅选择保持沉默，那是很不够的。仅仅选择保持沉默，那是一种非常被动的、完全没有任何意义的选择。那是一种非常愚蠢的行为！

那么正确的选择到底应该是什么呢？正确的选择应该是：这个时候的慈禧太后不但不能选择保持沉默，还要大声地支持。这个时候的慈禧太后应该忍住内心的伤痛，大声地对丁宝桢说：“丁宝桢，你做得好，做得对，我支持你！”

有的朋友说了，您说得好听，人家慈禧太后真的就这么忍了？算了？

对啊！慈禧太后不但是这么说的，还是这么做的。

也就是说，杀掉安得海以后的丁宝桢，迎来了他生命中真正的辉煌时刻！

5. 日益走向辉煌的丁宝桢

安得海被杀以后，慈禧太后虽然非常恼火，但她深知“项庄舞剑，意在沛公”的道理，也深知时局的危险。面对生米煮成熟饭的既成事实，慈禧太后顺水推舟，表示非常赞同丁宝桢的做法，同意了丁宝桢让安得海暴尸三日。

当然，这里面也有慈禧太后自己的小九九：在安得海被杀之前，宫中曾盛传安得海是假太监，与慈禧有奸情，现在安得海裸露下身，谣言不攻自破。

与此同时，杀掉安得海的丁宝桢就跟个没事人一样，继续在济南金线泉南倡建尚志书院，继续招收各府、州、县的儒生来院讲习，兼收学天文、地理、算术者。

1871 年，黄河于山东郓城侯家林决口，交通阻塞，多州县被淹。负责治河的大臣建议第二年动工修筑。丁宝桢力请及时于水涸时动工，并请命亲自督修。

1872 年，黄河又决于石庄户，河水夺淮南趋，山东、江苏、安徽数百里为灾，运河交通废弃，朝廷上下治水之议莫衷一是。丁宝桢毅然奏请督工修筑，河水专注大清河入海。时日本构衅，谋以武力侵略中国，丁宝桢密陈海防计策，在烟台、威海、登州（今蓬莱）等处构筑炮台，加强海防建设。

1875 年冬，丁宝桢又奏请在济南北郊新城购买民地，创设山东近代首家官办工业企业——山东机器局，制造枪炮弹药，积极参加洋务运动。

1876 年秋丁宝桢调任四川总督。蜀地丰饶，因此川督是个肥缺，但丁宝桢却穷得时常让属下跑当铺。老百姓说：三年清知府，十万雪花银。更何况一省总督呢！无怪乎恭亲王奕䜣听了，要诧为奇谈怪事了。这是怎么一回事呢？

按照例规，四川总督的收入，有夔州关的公费每年一万二千两，川盐局的公费每年三万两，丁宝桢却一概不取，只取奉旨核定的养廉银一万一千两，每月所入不足一千，由藩司在月初解送。这不足一千的银子，要开支幕府里几十上百人的薪水饭食，还要帮衬上门来告穷的亲戚故旧，因此常常窘迫。每逢青黄不接的时候，丁宝桢就捡一箱旧衣服，命人送到当铺里当二百两银子。旧衣服当然不值这些钱，但加上一张盖了总督部堂关防的封条，当铺里的朝奉就不便揭开来看，只凭着丁宝桢的总督身份，说当多少，就当多少。久而久之，这只箱子就不动它了，这个月赎回，下个月又原封不动地抬进当铺。

但即使这样一清如水，丁宝桢的官声也并不多好。由于丁宝桢行政以吏治为先，对自己、对部属都未免过于严厉。“政尚威猛”，必然得罪人，以至影响到官声，也在所难免。那批被他得罪的官员们，造了他不少谣言：拿他与当时署理成绵道的丁价藩并称为“眼中双丁”；又有“四大天地”的说法诋毁丁宝桢，十分刻薄。这“四大天地”是：闻公之名，惊天动地；见公之来，欢天喜地；睹公之政，昏天黑地；望公之去，谢天谢地。

这些小报告一直打到了慈禧太后那里。还好，慈禧太后是个明白人，她听说这些闲言碎语之后，只是说了一句很深刻的话：做个清官也不容易。

1886年，丁宝桢病逝于四川总督任上，朝廷追赠太子少保，谥号“文诚”，入祀贤良祠。丁宝桢死的时候，没有钱治丧，他的僚属们发起捐赠，才凑了一笔钱，把他的棺枢运回到贵州省平远县老家去。但他的几个儿子都很好，有一个儿子丁体常，后来官做到广东布政使，为官也很清廉。

6. 不断汲取教训的李连英

前面，我们不厌其烦地介绍了这么多关于丁宝桢的事迹，诸位朋友听了，可不要觉得我这是在凑篇幅啊。这些事情，对于日后李连英的成长简直太重要了。他不从他的同乡兼师兄、慈禧太后最为欣赏的大太监安得海被杀，不从擅自杀掉安得海的丁宝桢日后的日益升迁中汲取经验教训，他能做到日后40年在宫里面善始善终吗？

我们还是回过头来继续说李连英。安得海被杀前后的李连英，客观地说，他还真的是从安得海被杀事件中汲取了不少经验教训。

您想啊，甭说大太监安得海不知道天多高、地多厚了，那个时候，包括安得海、李连英在内的很多太监都在辛酉政变之后逐渐变得不知天高地厚了。安得海如此，李连英也同样如此：别小瞧了这些太监，没有这些太监的支持与努力，慈禧太后辛酉政变能够成功？慈禧太后能够做到安安心心地垂帘听政？现在，她夺权了。夺权了怎么啦？就忘本啦？就可以过河拆桥啦？

换句话说，那个时候的太监，一个个都完全是以自我为中心而不是以他人为中心考虑一切问题，都觉得，我对于现在这个政权作出了什么什么，这个政权现在应该如何如何回报我才是最合理合法的；他们都没有从全局出发来考虑问题：除了我之外，别的人还对这个政权作出了什么什么，这个政权现在应该如何如何回报别人才是最合理合法的，而这个政权的最高领导人应该如何平衡各种关系才是最为恰当的抉择，等等。

我们想想，如果当初安得海真的替慈禧太后想了上述诸多问题的话，他会那样张扬么？他会落得个不但被杀而且被暴尸三日的下场么？

现在的问题是，死了的安得海再也来不及想这些问题了，可活着的李连英必须得想明白这些问题啊。如果不想明白这些问题的话，将来他的前途必然只能是下面两种：一是继续步安得海后尘，在安得海已经失败的道路上越走越远，最终死得更为悲惨；二是从此以后谨小慎微，无所作为，最终成为一个默默无闻的小太监，永远不能出人头地。上面两种情况中的任何一种情况出现的话，就都不是我们现在要讲的大太监李连英了。

因此，这个时候的李连英，在积极地思考着。他在想，我应该如何去做，才能最终改变命运，从而做到既不步安得海的后尘，也不像绝大多数默默无闻的小太监那样永远不能出人头地。

经过思考之后的李连英，得出了哪些经验教训呢？

7. 李连英汲取的经验教训

您还别说，这个时候的李连英，他还真的得出了一些经验教训。

第一，一定要抓住机遇。安得海被杀，的确不是一件好事。这对于一部分在辛酉政变之后日益骄傲自满的太监来说，不啻是一个惊天霹雳；但对于李连英来说，他要抓住这千载难逢的机遇，要充分利用安得海被杀后留下的权力真空，及时填补。只有抓住机遇，站稳脚跟，才能让自己立于不败之地。

第二，一定要讨好慈禧太后。只有把慈禧太后伺候得舒服了，自己才有可能不但有个靠山，而且还有可能升官发财。至于如何把慈禧太后伺候得舒服了，那就只有加倍地努力，加倍地小心——既要讨好慈禧太后，又不能让外人看出来，省得别人嫉妒。安得海被杀，不就是遭人嫉妒的一种结果吗？

至于讨好慈禧太后的手段，那可就多了去了。比如李连英知道慈禧太后爱听一些稀奇古怪的故事，他就用尽浑身解数，把自己从小听来的乡村逸事、笑话趣闻信口编来，什么精灵鬼怪、风土人情、傻媳妇蠢姑爷之类；他讲的故事，雅俗兼有，荤素并存，诙谐幽默，妙趣横生，而且不容易犯忌，只讲得慈禧太后几乎笑出了眼泪。李连英兴致所至，还会亲自表演一番。

第三，一定不能得罪外臣。外臣是国家的栋梁，自己千万得罪不得。最好是做到与他们勾结起来，在他们需要自己在慈禧太后身边美言几句的时候，在自己力所能及的情况下，实心实意地给他们办事。要知道，他们不会对不住自己的——到那个时候，自己再拿他们的贿赂，自然就是理所当然的了。最起码，自己也要做到在任何情况下，都不以势压人，都不激化矛盾。

第四，一定要做到利益均分。关于这点，我们以他所得到的贿赂为例。在一般情况下，李连英会把人家给他的贿赂一分为三——当然，完全不是绝对平均的三分之一啊，只是一个大概而已：一份退给行贿人，以便显示自己并不是那么贪婪；一份送给慈禧太后——不要认为慈禧太后家里有那么多钱，不会要啊；只有这第三份才是留给自己的。

第五，一定要消息灵通。最好的办法，就是与重要人物结成同盟。我们知道，这点对李连英来说，是最难办的。李连英会如何处理这个问题呢？

第十二讲 一人得道，鸡犬升天

安得海被杀之后，李连英总结了诸多经验教训：一、要抓住机遇；二、要讨好慈禧太后；三、不能得罪外臣；四、要做到利益均分；五、要消息灵通。

我们说，消息灵通最好的办法，就是与重要人物结成同盟。而这点对李连英来说，是最难办的。李连英是如何处理这个问题的呢？

1. 谁来帮助李连英

其实，要想解决这个问题，说难也难——靠李连英自己暂时没有什么好的办法；说简单也很简单——不能靠自己就靠别人嘛。

别人？谁肯全力以赴地支持他李连英啊？您想啊，除了李连英自己的家人，谁还能支持他李连英啊？

李连英的家人？谁能帮得上李连英的忙呢？

我们这里要简单回忆一下李连英的家人：李连英的父亲李玉、李连英的母亲曹氏，李连英的哥哥李国泰，三个弟弟李宝泰、李升泰、李世泰，还有李连英的两个妹妹。他们，谁能帮得上李连英的忙呢？

在这里，我们介绍一下李连英入宫这些年来李家的变化。

2. 李家的父母变化

说起来，李家的变化还真的是很大的。

先是，李连英的父亲李玉在安得海被杀前后的几年内去世了。

至于李玉具体是哪一年去世、去世时的情形，我估计，就连李连英自己也不一定说得清楚。

为什么呢？这是由李连英的社会地位造成的。

这个时候的李连英还远没有日后的风光，远不像后来他的妈妈去世的时候那样，慈禧太后老佛爷不但给李连英放丧假，还自己拿出钱来，供李连英为他母亲发丧之用。那个时候的李连英，什么地位啊！

但这个时候的李连英，还只能小心翼翼地在宫里生活，伺候着慈禧太后老佛爷，自己家里有什么三灾八难的，只能是自己忍着。

不是人家慈禧太后老佛爷心狠，而是李连英还不是很清楚慈禧太后老佛爷的脾气秉性。

所以，自己的父亲去世了，也不敢说什么，也不敢要求什么，也不可能去料理丧事。

说完了李连英的父亲李玉之后，我们再说李连英的母亲曹氏。

岁月不饶人。这个时候的曹氏，渐渐地老了。虽然人老了，可还是不能闲着，她老人家还有很多事情要做。这其中，最重要的事情就是看孙子。

3. 李家的兄弟变化

孙子？那当然了。您可别忘了，人家李连英的母亲曹氏前后一共生了五个儿子呢。就说这个二儿子李连英不行了，可人家还有四个儿子呀。曹氏的四个儿子——也就是李连英的一个哥哥和三个弟弟，就不结婚、不生孩子啦？

原先，“皮硝李”家，也就是永德堂李皮作坊家，的确是一直被人看不起的：看那家的日子穷的，看那家的工作脏的、累的，把好端端的姑娘嫁到他们家可是倒了霉了。

可现在再来看看人家“皮硝李”家过的日子，看看人家“皮硝李”家的生活，那可是今非昔比，鸟枪换炮、一步登天喽。过去不是有那么句话，叫作“一人得道，鸡犬升天”嘛。

那个时代，也不是只有李连英家新鲜。谁还不是看人下菜碟？再说了，这看人下菜碟也是正常的。谁家愿意把自己家的姑娘嫁给一个穷光蛋呢？

现在，借着李连英在宫里混得还不错的机会，李连英家的日子也逐渐好过了，逐渐地也达到了小康水平，此后主动上李家登门求亲的人也多起来了。

那还等着什么，选美呗。选美完了就给儿子办结婚的喜事呗。办完儿子结婚的喜事再办孙子满月的喜事呗。再然后，就哄孙子呗。

很快，李连英的哥哥李国泰和三个弟弟李宝泰、李升泰、李世泰先后结了婚。不但结了婚，还有了很多的孩子。

我们话说回来。我们介绍李连英入宫这些年来李家变化的目的是分析一下他们家里的这些人中间，谁能帮得上李连英的忙。

现在我们可以看得出来，他们，有一点我们是知道的，李连英要想让他们帮忙，得看帮什么忙了。卖力气的忙，他们都可以帮，要是让他们也入宫当太监，那，一是人家不干——人家老婆孩子的都有了，谁还舍得去当太监啊？二是时间也晚了——宫里头已经不要这么大年龄的人当太监了。

现在，我们已经知道了下面的事实：不但李连英的兄弟帮不上李连英的忙，就连最疼李连英的妈妈曹氏也帮不上李连英的忙。

因为，她比李连英还忙呢，忙着给自己的儿子挑对象，忙着给自己的儿子办婚事，忙着给自己的孙子办满月。当然，还得忙着哄孙子。这些年，他们家净是事了。一年到头也忙不过来。不过，还好，至少这些年忙的都是喜事，还是很让老人家高兴的。高兴的同时，她也很感谢自己的儿子李连英付出的代价。

当然，在她的心里面，总是觉得对不起自己的儿子李连英。所谓对不起，最主要是觉得如果没有自己的儿子李连英的付出，全家就不会有今天的幸福时光；而现在自己一家人，在丰衣足食之余，却没有能力和办法使自己儿子李连英的工作更加稳定，更甭提帮助儿子更加高升一步了。

至此，我们知道，对于帮助李连英来说，李连英的妈妈曹氏还不如李连英的那些哥哥和弟弟呢，她是有那心、没那力。李连英的哥哥和弟弟，至少力气还是有的呀。

4. 李家的妹妹变化

现在，我们只能把关注的目光放到李连英的两个妹妹身上了。

因为，诸位恐怕已经听出来了，在李家的人当中，要想找到能帮得上李连英忙的人，只能是李连英的两个妹妹了。

但是遗憾的是，这个时候的李连英的父母，完全没有想到日后自己的儿子会混出个人样儿来，而且还需要妹妹帮忙，于是急急忙忙地就把自己的大女儿、李连英的大妹妹嫁出去了。

李连英的大妹妹嫁给了西郊杨氏，一个非常普通的家庭。这样，李连英想让大妹妹帮助的想法，就落空了。

没有办法的李连英只能在自己的小妹妹身上打主意了。

李连英能在自己的小妹妹身上打什么主意呢？当然是想方设法让自己的小妹妹入宫伺候慈禧太后啦。这事，能成么？

您还别说，这事，简直是难于上青天啊！为什么呢？

5. 大清王朝选秀女和宫女的规矩

本来呢，这事要搁在明朝是一件非常好办的事：明朝的时候宫女是很多的。康熙皇帝曾经问过宫中原来在明朝皇宫做过太监的。他们告诉康熙皇帝说：明朝皇宫太监 1 万人，宫女 10 万人，因为供应饭食照顾不到，日有饿死者。虽然这话有点夸张，但也说明明朝皇宫的宫女和太监的确是非常多的。

可一到了大清王朝，这事就逐渐地麻烦起来了，等到了李连英那会儿，就更不容易办了——关于宫女的出身、选秀、入宫等等各个方面的规矩多了起来。

大清王朝，关于宫女的出身、选秀、入宫等方面，具体的规矩有哪些呢？

第一，人数的要求。

到康熙、乾隆的时候，大体上 3000 多人，因此就有了“够不够三千六”的说法；再后来继续减少，到光绪的时候，减少到 1900 多人。

第二，等级的要求。

大清王朝的这些宫女在伺候皇后、贵妃等方面都有非常严格的规定：皇太后分到宫女 12 人，皇后分到宫女 10 人，皇贵妃、贵妃分到宫女 8 人，妃嫔分到宫女 6 人，贵人分到宫女 4 人，常在分到宫女 3 人，答应分到宫女 2 人，依次递降。

第三，来源的要求。

现在的清宫剧泛滥荧屏，在剧里经常看见一些民间女子想进宫就进宫，当宫女甚至皇妃。阿哥和格格也是想出宫就出宫，还可以和大臣或母亲在一起密谋，而皇妃可以在皇上面前争风吃醋甚至大打出手，也可以随便和儿子、亲戚协商例如继位的大事，也可以随便召见大臣拉帮结派。

实际上，一个女孩子不是想进宫就能进宫的。清朝由内务府主持、涉及各旗都统衙门及户部等的选秀活动是很复杂的。

6. 大清王朝的八旗制度

这里，我们首先要简单介绍一下清朝的八旗制度——不说清楚这些，我们就没有办法正确理解关于宫女的出身、选秀、入宫等方面的具体规矩——因为，清代的后宫，上至皇后，下到宫女，都是从旗人女子中挑选出来的，旗人是清朝独有的。因此从旗人女子中挑选后宫粉黛的制度，也是清代独有的。

八旗包括满洲八旗、蒙古八旗和汉军八旗，共二十四旗，这是清政权赖以统治的主要支柱。八旗又有上三旗和下五旗的区别：上三旗包括镶黄旗、正黄旗与正白旗，归皇帝亲领，地位高贵，人多势众，构成八旗的核心，负责守卫皇城，皇帝外出时担任扈从，是皇帝最倚重的亲军；下五旗包括镶白、正红、镶红、正蓝、镶蓝五旗，是诸王、贝勒、贝子等宗室贵族的分封之地，他们除守卫京城外，被大批派往各地驻防戍卫。

入主中原后，旗人又有八旗和内务府包衣三旗的区别。

上三旗下五旗分治后，各旗所有的包衣（满语“booi”，意即“家的”，指某人的私属）随之析为两个系统：上三旗包衣称“内务府属”或内府旗人，为皇家私属，初隶领侍卫内大臣，1674年改归内务府，从此终清之世不改；下五旗包衣称“王公府属”，为各王公的私属，编为府属佐领、管领。

内三旗包衣，除担任内廷供奉亲近差使，专供驱使外，有按丁披甲的义务。内府旗人的身份地位较低，但由于他们是皇帝的奴仆和私属，一旦得宠也可能外任肥差、执掌重权，成为诗礼簪缨的世家望族。内府旗人允许入学、考试、为官，旗鼓佐领下人在内务府仕进与满洲同。在一定条件下可以抬旗或改旗。

7. 大清王朝的选秀制度

我们在了解了清朝的八旗制度和内务府包衣三旗之后，就可以比较清楚地了解清朝关于宫女的出身、选秀、入宫等方面的具体规矩了。

这里，我们首先需要分清楚，选秀女与选宫女是完全不一样的。

我们先说选秀女。

清朝从顺治年间就规定，凡满洲八旗人家年满 13 岁至 16 岁的女子，必须参加每三年一次的皇帝选秀女，选中者，留在宫里随侍皇帝成为妃嫔，或被赐给皇室子孙做福晋；未经参加选秀女者，不得嫁人。阅选时，按八旗的顺序，一般七八个人站成一排，由皇帝、皇太后们挑选。被挑选女子的名字，每排写一张单子，留宫中存档，这种名单，在档案中称为“秀女排单”。

我们再说选宫女。

由于内务府包衣三旗是清皇室的奴隶，与八旗的政治地位不同，所以，尽管清初将八旗和包衣三旗的女子都称为秀女，但挑选的方法和她们在宫中的地位也有所不同。八旗秀女，每三年挑选一次，由户部主持，可备皇后妃嫔之选，或者赐婚近支（即三代以内、血缘关系比较密切的）宗室；包衣三旗秀女，每年挑选一次，由内务府主持，其中虽然也有一些人最终被逐渐升为妃嫔，但承担后宫杂役的，都是内务府包衣之女。到了清代后期，包衣三旗的应选女子就不再称为秀女，而在挑选宫女时，就明确地说“引见包衣三旗使女”了。所以说，能够成为清廷后妃的，主要是八旗秀女。

宫女的地位是丫环，除非被皇帝看中，并且“幸”过。她们到了 25 岁，可以退回本家，另行出嫁。

在这方面，清朝和其他朝代比起来最有“仁政”。因为，比起唐玄宗的四万宫女来，当然是“仁政”。宫女可以升级，但很难跳级。婢做夫人，要慢慢来。选进来的秀女就不同。宫女要升到贵人或嫔，得经过做“答应”和“常在”的阶段，秀女则一进来，便可做到贵人以上。例如，宣宗道光皇帝的和妃，就是宫女出身的；文宗咸丰皇帝的贵妃（后来的慈禧太后），就是由秀女一做便是贵人，由贵人升为嫔，做嫔时候生了儿子（后来的穆宗同治皇帝），皇帝一高兴，再把她升为妃，以至贵妃（大家称为懿贵妃）。

清朝为什么就不能从汉人里面选个宫女，伺候皇上或者各位嫔妃呢？

其实，原因很简单，如果汉人选宫女，万一皇上一不留神动了凡心，想跟宫女好一回呢？好一回不怕，可是万一好了之后生了龙种呢？所以，这宫女万万不可以是汉人！

8. 李连英难以实现的梦想

前面我们说清楚了清朝关于宫女的出身、选秀、入宫等方面的具体规矩之后，就可以知道，李连英想让他的小妹妹进入皇宫，去伺候同治皇帝或者更好一点去伺候慈禧太后，根本就不是那么容易的——如果没有什么特殊情况的话，我们说，这是根本就不可能实现的“空想”。

有的朋友也许要问李连英自从进了皇宫之后，不就从一个汉人转正成为内务府所属的镶黄旗了么？那他就属于旗人了，是吧？

的确，这没有错。但是，我们要注意，内务府所属的镶黄旗的身份可是奴才，完全不能与真正意义上的镶黄旗同日而语。

新的问题又出现了：既然李连英都已经是旗人了——不管他是真正的旗人也好，内务府所属的奴才旗人也罢，反正他已经是旗人了，那他们家的人还不也就是旗人了？

这可不行！都这样，这旗人的扩张势头得有多快啊？全国得有多少旗人啊？

因此，我们这里要注意，大清王朝的规矩，不是汉人做了太监之后，太监的全家人就都可以“一人得道，鸡犬升天”了。

做了太监之后，你们家人生活得好一点，就够显示出人家大清皇帝的“隆恩”了。

你李连英还想把自己的妹妹弄进宫去，先伺候同治皇帝再伺候慈禧太后，最好是再想方设法让同治皇帝给收了，最后给皇上生下一男半女的，最终多年的媳妇熬成婆？你们还想一下子就成为一人之下、万万人之上的人？

9. 李连英的妹妹居然进了宫

但这个在很多人看来根本就不可能实现的所谓“空想”，转眼之间，居然就成为现实。李连英的小妹妹，她居然就进入了皇宫；不但进入了皇宫，还居然去伺候慈禧太后了！您说怪不怪？

您可千万不要以为这只是一件小事，这里面可有很多的问题需要我们探讨呢。

您想啊，这个大清王朝，有那么多的规矩。俗话说得好，没有规矩，不成方圆。如果，这大清王朝没有那么多规矩的话，恐怕早就完蛋了。

虽然我们说，规矩既然是人定的，人就能够把它破坏掉，这是没有问题的。但是什么事情，它也都得有个度不是？这规矩要被破坏掉，它总得有个由头不是？

堂堂的慈禧太后，为了一个小小的太监李连英，她就敢把大清王朝两百多年的规矩给破坏掉了？凭什么呀？这值得么？而且这事还是在安得海被杀之后不久？这也太邪性了吧？

难道这满朝的文武大臣就没有一个人出来管一管？

您还别不信，人家小太监李连英真的做到了让他的小妹妹进入皇宫去伺候慈禧太后，还真的居然就没有一个文武大臣出来管一管！

瞧瞧人家小太监李连英，他居然能够让堂堂的慈禧太后把大清王朝两百多年的规矩给破坏掉；不但如此，他还能够让这满朝的文武大臣没有一个人出来管一管！瞧瞧！这得多大的面子？这得多大的本事？这能说明什么问题？

这只能说明这么多年来，小太监李连英在宫里面的工作不但得到了慈禧太后的充分认可，还得到了满朝文武大臣的充分认可！

问题在于，小太监李连英到底做了什么工作，得到了慈禧太后和满朝的文武大臣的充分认可呢？

我觉得，除了与前面我们所说过的如在辛酉政变中立功而不图回报、不事张扬等等，与他的师哥、大太监安得海形成了鲜明的对比，而最终感动了慈禧太后和满朝的文武大臣之外，一定还有一些别的什么东西。

这别的什么东西，到底是什么呢？

第十三讲 与慈禧太后的关系

我们还是先来看看小太监李连英是如何开始与慈禧太后打交道的。

1. 李连英成了慈禧太后跟前的红人

根据《告诉你真实的历史:清宫档案揭秘》记载,1864 年 5 月 25 日（旧历四月二十），李连英被调到长春宫慈禧太后御前当差。

1869 年，安得海被杀之后，李连英并不像民间传说的那样，迅速取代了安得海的位置，而是遭到了安得海一案的连累，和全宫所有有官职的太监一起受到了罚俸处分。而后,当其他太监陆续被解除处分之际,他又因“滑懒不当差”被革去八品顶戴及钱粮，直到 1870 年初才被解除处分，并恢复了八品顶戴及钱粮。可见这一时期，李连英并没有得到慈禧太后的格外青睐和赏识。

1872 年秋,李连英被赏戴六品顶戴花翎,食“月薪”银八两五钱。此后,李连英开始进入了发迹的时期。1874 年以后，李连英似乎已进入了一个更加光辉灿烂的升迁时期，在这一年春，他被任命为储秀宫掌案首领大太监，按清宫旧制，太监进宫服役满 30 年没有大过失者，才能选补首领太监，可是李连英此时进宫服役仅 17 年，就已成为众多太监之中的佼佼者，足可见慈禧太后对其恩眷之深。

1874 年秋，李连英被赏戴四品顶戴花翎；同年冬，李连英又被加赏貂皮马褂；1880 年初，李连英被任命为储秀宫四品花翎总管，赏食月薪银 20 两；1881 年冬，李连英再度奉旨被赏加三品顶戴花翎，赏月薪银 28 两；1884 年冬，李连英被赏食月薪银 38 两；1890 年夏，再奉旨加添银 10 两，共食月薪银 48 两；1894 年春，李连英奉旨被赏加二品顶戴花翎。

自 1872 年起到 1894 年止，在这短短的二十多年的时间里，他从一个极普通的八品太监一跃升为二品花翎总管，月薪也从八两五钱增到 48 两，其升迁速度之快、待遇之高，是其他任何人无可比拟的。

比如，在 1881 前后，身为储秀宫三品花翎总管的李连英，就已经与敬事房三品花翎大总管李双喜平起平坐了。在 1882 年春节前夕，李连英与李双喜就受到了大荷包三双、小荷包六个、一两重银锞六个、五钱重银锞六个完全相同的赏赐。类似这样的情况在这一时期是数不胜数的。而同是储秀宫总管太监，在 1885 年，李连英月薪为 38 两银子，而刘得印只有 24 两。

问题在于，李连英为什么能够很快摆脱安得海被杀事件的阴影而迅速崛起呢？有人说，李连英最大的优点就是聪明，通过安得海的遭遇，他很快就弄明白一个问题，就是如何摆正主子和奴才之间的关系。

李连英不仅学会了揣摸主子的心理性格、习惯爱好的方法，能够千方百计地讨主子喜欢，同时还能时时处处谨慎小心，“事上以敬，事下以宽，如是有年，未尝稍懈”。这正是李连英继安得海之后成功的秘诀。

我们还是通过一些具体的事例来分析一下李连英与慈禧太后的关系。

2. 好员工的标准

李连英首先是一个勤学上进的好员工。好员工的标准是什么呢？每个人、每个公司都有不同的标准。我们这里选择的是著名的微软公司的说法。

①对自己公司的产品具有起码的好奇心。必须亲自使用该产品。②需要以极大的兴趣、热情和执着打动客户，同时必须清醒地知道本公司的产品有哪些需要加以改进的地方。③必须乐于思考如何让产品更贴近并帮助客户。④必须与公司保持一致，关注自身努力方向，如提高自身及同事的能力。⑤在对周遭事物保持高度洞察力的同时，必须掌握某种专业知识和技能。⑥非常灵活地利用那些有利于发展的机会。⑦尽量去学习了解公司业务运作的原理。⑧关注竞争对手的动态。⑨善于动脑子。⑩不要忽略一些必须具备的美德，如诚实、有道德和刻苦。

3. 李连英是个勤学上进的好员工

我们知道了好员工的标准之后，再来看看李连英是否符合这些标准。

干什么就得吆喝什么不是？既然李连英的主要工作就是给慈禧太后梳头，那我们就来看看他是怎么给慈禧太后梳头的。

要是别人给慈禧太后梳头，一般的都是小心翼翼、战战兢兢的，生怕哪一个动作太重了，会惹慈禧太后不高兴。结果，往往是越怕什么越来什么，越做越错。最终，慈禧太后很生气，自己也受到了惩罚。

李连英则完全不是这样的。李连英经常是一边给慈禧太后梳头，一边讲笑话或市面上听到的逸闻趣事。笑话的种类么，那就很多了。什么乡村逸事、精灵鬼怪、风土人情、傻媳妇蠢姑爷，荤的素的，雅的俗的，等等等等，不一而足。慈禧太后在哈哈大笑之余，也忘记了李连英梳头的手轻啦重啦，弄没弄疼慈禧太后的头皮啦，自己的头发被李连英梳掉了多少根啦，等等。慈禧太后在哈哈大笑之余，也暂且忘记了让她天天烦恼的什么国事、家事、天下事。

您瞧瞧，这哪里是梳头啊，简直是一种自我放松，简直是一场心理调节课程。

都说李连英的梳头技术高，这高还能高到哪儿去？李连英的梳头技术比别人高，最主要就高在了慈禧太后在梳头的同时，还是一种放松。梳头本身的技术，很多人学得了，但在梳头的同时还要负责给人家做心理调节课程，这在那个时代，很多太监可学不了。

当然，任何人都有失手的时候，小太监李连英也不例外。问题在于，他失了手之后怎么办。有的人灰心丧气，而有的人为了下一次的成功总结经验。

小太监李连英就属于后者。

话说慈禧太后到了晚年，逐渐出现了脱发的毛病，每次洗头都要掉下数十根头发，这对讲享受、爱美容、重养生的慈禧太后来说，真像剜去她的心肝一样难受。这段时间她动辄拿太监们出气，就连平日受宠的太监李连英也不例外。

一次，李连英正在为慈禧太后洗头，也许是卖弄力气、搓洗过余的缘故，竟一下子掉下数十根头发，慈禧太后气急败坏地打翻铜盆，差人把李连英着着实实地打了一顿。

李连英挨了慈禧太后的棍棒后，一直想找机会捞回面子。他找来太医李德裕，软硬兼施，逼他尽快为慈禧太后搜寻、配制养发药方。李德裕会同宫内太医，遍查典籍，绞尽脑汁，终于制成"香发散"奉献给慈禧太后。

据说，这"香发散"的配方和用法是：零陵草一两，辛荑五钱，山奈三钱，白芷三两，玫瑰花五钱，檀香六钱，甘草四钱，细辛三钱，川锦纹四钱，粉丹皮四钱，公丁香三钱，苏合香三钱，将诸药共研为细末，用苏合油拌匀，晾干，再研细面，用时涂于发上，稍候一会篦去。

"香发散"据说还真有奇效，倘使慈禧太后头发发痒，只须唤李连英涂抹此药，立即见效。"香发散"具有去油腻、止搔痒的功效，慈禧太后连用数年，青丝不落，落发重新生出，而且还省去洗头的麻烦。

看，李连英的所作所为还是很符合微软公司所制定的好员工标准吧？

4. 上下级关系

当然，我们说李连英所做的工作还不仅限于此。他还能够给他的上司带来快乐呢。这里我们要注意的是，再大的人物，他也是个普通人。既然是普通人，他就会有普通人的喜怒哀乐，他就会有普通人的悲欢离合。

但我们在与所谓的很多大人物接触的时候，往往会有一种自卑的感觉，我们会有一种仰视别人的感觉。因为能够感觉到的经常是人家站在一个很高很高的高处，结果自然我们就会有一种被别人俯视的感觉。

因为人家的位置太高，我们往往就会忽略苏轼《水调歌头》中的那句名言："高处不胜寒。"因此，我们往往不会想到身居高位的人的悲哀。

也正是因为我们不理解那些所谓的大人物的悲欢离合和喜怒哀乐，就往往造成了我们在与他们接触的时候容易产生隔膜心理，从而就不会有那种上下级之间非常默契的配合。而如果没有上下级之间非常默契的配合，我们的工作也就不容易受到上级领导的赏识。然后，我们也就容易产生怨天尤人的心理，也就容易产生与上级领导的对立情绪。最终，我们以别人的错误惩罚了自己。

慈禧当然也不例外，也是这样一个有着普通人喜怒哀乐和悲欢离合的大人物。正巧，小太监李连英就是慈禧太后的下级。

问题在于，慈禧太后身边的小太监李连英是怎么与慈禧太后打交道的呢？

5. 慈禧太后生活中的开心丸

李连英还是慈禧太后生活中的开心丸。

所谓开心丸，当然分为两种情况：一种是别人没有什么特殊事情的时候给人找点高兴的事，让大家乐和乐和；一种是别人有很多事，尤其是有很多烦心事的时候分担人家点事。

我们知道，任何上级领导都有生气的时候。我们分析一下造成上级领导生气的原因，其实无外乎以下三种情况。

一是因为自己的工作没有做好而受到更上一级领导的批评或谴责而迁怒于自己的属下；二是纯粹因为非工作的、另外的原因（比如家里的原因）而故意迁怒于自己的属下；三是的确是因为自己的属下工作没有做好而批评属下。

面对上述种种情况，每个人都会有自己不同的对策。这不同的对策自然也就会产生不同的结果。

我们还是回过头来分析李连英与慈禧太后的关系。一般而言，造成慈禧太后生气的原因肯定不存在第一种情况。

而第二、三两种情况则很难区分。因为，大部分人的心理都是没碴儿找碴儿。总是在我很生气的时候，你又做错了事。那样的话，你就要小心了。

对于李连英与慈禧太后之间的关系来说，这个方面的例子是很多的。关于这个方面，我们以一道菜谱的出处来做说明。

“枯木逢春”是出自清宫御膳房的一道名菜。它是以鲜虾仁为主料，配以芹菜、银耳、猪肥膘肉、鸡脯肉、荸荠、火腿、豌豆苗、南瓜花等烹制成。这道菜是怎么来的呢？

相传，有一天，慈禧太后闲游宫院不知不觉来到御膳房门前，看见摆放的几盆花草已经凋零枯黄了，感到很不顺眼，于是闷闷不乐地进了膳房。御厨们见慈禧太后老佛爷突然驾到，个个慌忙下跪，山呼万岁。

当慈禧太后视察完御膳房出来的时候，刚到御膳房门口，忽闻一股清新的花香，定眼看时，原来摆放门前已枯黄的几盆花草，一下子变得花红草绿了，便回过头问跟在后面的李连英，这是怎么回事。李连英随即回答：“回禀老佛爷，您是圣母到人间，您一来枯干的花草就都回春了，这是花草在欢迎您，祝您福如东海，寿比南山！”慈禧太后明知这是李连英搞的鬼，但心中却非常高兴。

进晚膳时，李连英让御膳房专门做了一道味美可口名曰“枯木逢春”

的菜，慈禧太后更加高兴，也吃得非常开心，便重赏了小李子和做菜的御厨。从此，“枯木逢春”一菜也就传诸后世。现今流传民间的“枯木逢春”菜肴，选料和制工更加精细，形色艳丽，味美鲜香，营养丰富，用于筵席，更能增添情趣。

像这样的事情多着呢。当然，李连英与慈禧太后的关系，还不仅是这些呢。李连英还是慈禧太后生活中某些问题的解决者。

6. 慈禧太后生活中某些问题的解决者

当年修建颐和园的时候，慈禧太后是钦点李连英负责的。话说快要竣工的那一天，李连英到这儿来验收，他坐在排云殿的正中间，昆明湖尽收眼底，感觉那叫一个美啊。正所谓“良辰美景奈何天，赏心乐事谁家院”。

突然，他隐隐约约感觉到昆明湖水在晃悠，紧接着，一只巨大无比的乌龟伸出了脖子，正往东边爬呢。眼看着巨大的龟壳就露出水面了。这个时候的李连英想，这要把慈禧太后老佛爷给吓着，可怎么办啊？

就在这时，只听远处传来了一声老牛的长哞声，声音洪亮深沉，李连英这才从惊魂不定中缓过神来。再瞧那只大乌龟，缩着头也不动窝了。

莫非是乌龟怕牛？李连英赶紧把这事儿告诉了慈禧太后，他们立马召开了紧急会议，并且当即通过了一项决议，就是在昆明湖旁边供奉一尊铜牛，以时刻监视乌龟的一举一动。您还别说，打那以后，乌龟再也没有出现过。

7. 慈禧太后接受新技术的指导者

当然，刚才说的事情，只是传说的生活中的小插曲而已。

我们知道，人的岁数一大，往往就不太容易接受新鲜事物。此时，就需要一个合适的角色劝导其接受新鲜事物。慈禧太后就是这样一个不太容易接受新鲜事物的人，而李连英呢，就是那个劝导慈禧太后接受新鲜事物的人。

这个方面，最典型的事例就是在乐寿堂安装电灯的故事了。

乐寿堂是颐和园居住生活区中的主建筑，面临昆明湖，是慈禧太后的寝宫。大殿红柱灰顶，垂脊卷棚歇山式，造型别致，富丽堂皇。乐寿堂的门厅称“水木自亲”。“乐寿堂”黑底金字横匾为光绪帝手书，堂前有慈禧太后乘船的码头。堂内西内间为慈禧太后寝宫，东内间为慈禧太后更衣室，正厅设有宝座、御案、掌扇、屏风等。宝座前置有名贵的青花瓷大果盘和4只镀金九桃大钢炉。堂阶两侧对称排列铜铸梅花鹿、仙鹤和大瓶，为取谐音“六合太平”之意。庭院中栽植玉兰、西府海棠、牡丹等名贵花木，取“玉堂富贵”之意。

据说乐寿堂是中国首次安装电灯的地方，慈禧太后是第一个使用电灯的中国人。1900年八国联军入侵北京后，1903年有位德国商人想发大财，竭力要将西方电器商品打进中国市场，但慈禧太后反对。外国商人懂得，要想打开中国市场，首先必须让慈禧太后带头用电灯。于是他们使用金钱暗地重贿了李连英。

他们趁慈禧太后外出之机偷偷地将电灯安装上了。待傍晚时，慈禧太后从外面回来一进乐寿堂就质问：我一走，你们干吗就在我殿内张挂那么多的各色“茄子”？但李连英只是叩头请安，笑而不答。然后恭问：老佛爷，该上灯了吗？慈禧太后说：上。李连英迅速将门后的电灯开关打开，即刻五颜六色的灯光大放异彩。慈禧太后好奇而惊喜地问：这些“茄子”怎么一下子全亮起来了，究竟是些什么玩艺儿？李连英便毕恭毕敬地奏道：这就是电灯！然后，李连英详细地向慈禧太后说明了用电灯的方便、干净、明亮、安全之处和需要注意的事项。

从此以后，中国各大城市慢慢开始用电灯了。

8. 慈禧宗教信仰中的追随者

封建社会，人们信仰某种宗教，其实是很正常的。毕竟，有很多问题是那个时代的科学解释不了的。

有的时候，我们经常会说，封建社会的统治者信仰宗教，主要目的是麻痹人民群众。但也不可否认，在那个时代，如果封建社会的统治者自己就是是个无神论者，而又以宗教迷信来刻意麻痹人民群众的话，那也太离谱点了吧？

我的意思是说，封建社会的统治者本身有利用宗教来麻痹人民群众的想法，不能代表封建社会的统治者本人就不信仰宗教。前面我们讲的乾隆皇帝信仰宗教是这个意思，现在我们讲的慈禧太后信仰宗教也是这个意思。

慈禧太后是个多宗教的信仰者——既信奉佛教也信奉道教。她也确实不知道，到底是佛教更正确些还是道教更正确些。于是就什么宗教都信，也就什么宗教都鼓励——当然，前提是这个宗教不反对大清王朝的统治。

下面我们就讲慈禧太后与道教的故事。我们说，慈禧太后也是非常信仰道教的！

1870 年，张宗璿来白云观传戒，慈禧太后恩赐紫袍玉冠，捐资设坛大开戒场，并加封关圣“翊赞”二字。1889 年春，慈禧太后还带领光绪皇帝载湉到北京白云观向玉皇大帝上香，赐住持高仁峒“金印”，封为“总道教司”。1894 年，慈禧太后在 60 岁大寿时赐给白云观的百寿幡，其实有 999 个不同字体的“寿”字。1900 年，八国联军攻占北京，慈禧太后率光绪皇帝逃避至西安，驻八仙庵，封方丈李宗阳为“玉冠紫袍真人”，并赏银一千两，扩建八仙庵，慈禧书“玉清至道”，光绪书“定箓仙传”，八仙庵遂改名为“敕建万寿八仙宫”。

统治者都信仰宗教，普通百姓能超脱那个社会之外，成为无神论者吗？显然不能。李连英就更不例外了。李连英受到慈禧太后的引导和自己的师傅刘多生的影响，也开始信仰道教，并且加入了他的师傅刘多生领导的“龙门岔支霍山派”。

9. 宫里规矩的忠实执行者

清朝宫规非常严厉，即使受到慈禧太后格外恩宠的李连英，在出现过失、犯了错误之时，同样要受到处分及惩罚。1880 年冬，李连英因做错了差务被摘去顶戴，并罚月银六个月。一个月后，慈禧太后格外开恩，赏还了他的四品顶戴，但是月银照旧扣罚。1883 年夏，李连英自己本人传旨，因犯有失查过错而自罚月银一年；1886 年初，李连英又因失查本处首领误班而被罚月银六个月。

许多人可能认为，慈禧太后那么宠爱李连英，这个惩罚还不是比画一下装装门面而已。然而据清宫档案所记，从 1886 年初起，敬事房按月收到了李连英交来的罚银整六个月，共计 204 两。从这里，我们看到了一个时时刻刻谨慎小心、处处低调做人，特别是在慈禧太后面前低调做人的李连英。这更是几十年来慈禧太后对他深信不疑、长宠不衰的重要原因之一。

但到了 1894 年，慈禧太后下旨赏给李连英二品顶戴花翎，一时间朝野皆为之侧目，觉得把一个刑余的阉人提升到与朝廷大员等同的位置上，是太过分了。

李连英，能够与愤怒异常的大臣们搞好关系么？

第十四讲 与朝廷大臣的关系

这里，我们首先需要注意的是，一般人往往习惯于把太监的品级与朝廷官员的品级混为一谈，孰不知这就大错而特错了。为什么呢？

1. 太监与朝廷官员的品级

朝廷中宗室王公均为天皇一脉，有着高贵的血统及崇隆的政治地位；而各级文武大臣或正途出身（科举考试）或军功或世袭，无论其出身如何，他们都已置身于国家政治活动之中，是对国家政治有发言权并且行使管理权的统治集团成员之一。相反，对于太监来说，无论是总管还是首领，他们的政治地位根本无法与那些朝臣相比。

实际上，有品级的太监并不属于国家官员范畴，他们只不过是皇室私家奴仆的首领，职权范围也仅限于宫闱之中。因此他们只能是最听话、最驯服的奴才，在政治权力及地位上，是绝不允许太监越雷池半步的。

这也包括晚期的慈禧太后，尽管她可以格外地眷顾李连英，给他二品顶戴，并赏赐他无法计量的财富，但她始终没有甚至连想也没想过让她的宠监李连英去干预哪怕是一点点的朝政。

问题在于，为什么野史传闻中却有很多关于李连英在宫中数十年“干预国政”等种种罪状的说法呢？我们还要具体问题具体分析。

关于李连英“干预国政”的传闻，第一个重大的事件是借刀杀人，协助慈禧太后除去政治劲敌慈安太后。历史上的慈安太后到底是怎么死的呢？

2. 两宫皇太后矛盾的产生

故事的背景我们前面早已讲过，说的是辛酉政变成功后，慈禧太后因惧怕祖制的嫡庶之分，小心谨慎不敢失礼，遇事均与慈安太后商量，以示对东宫的尊重。加之恭亲王奕䜣在中间调和，有话就直说，两宫太后之间看上去是一团和气。然而，此后发生的一系列事件加深了两者的矛盾，增加了慈禧太后对慈安太后的仇恨。

开始是同治八年，慈安太后、奕䜣和同治皇帝联合起来按祖制处死了安得海，一时内外无不称颂，而慈禧太后的心中却留下了积怨。1872 年因给同治皇帝立后一事，双方又再起争执，意见相左。慈安太后所争的阿鲁特氏后来被立为后，而慈禧太后所争的凤秀的女儿只屈居慧妃之位，慈安太后获胜，慈禧太后忌恨，双方矛盾加深。同治皇帝死后，慈禧太后费尽心机立醇亲王之子 4 岁的载湉为帝，本想趁皇帝年幼，一手遮天，把持朝政，谁料光绪皇帝入宫后，因慈安太后性情温和，不像慈禧太后那样严厉，所以小皇帝喜欢亲近慈安太后，对慈禧太后却相当疏远。这使慈禧太后感到恐惧。要是小皇帝被慈安太后唆使来反对自己，威胁自己的地位，该怎么办？慈禧太后的恐惧心理，随着光绪皇帝年龄的增长与日俱增，对慈安太后的防范心理也日渐加强。双方矛盾渐如水火，后来便有种种关于慈安太后是慈禧太后在李连英的协助下害死的推测和传说。

据载，咸丰皇帝临死前，曾交给慈安太后一道密谕，要她好好约束叶赫那拉氏。慈禧太后听说后，行为便不太敢张狂。光绪朝时候，慈禧太后再度垂帘，慈安太后对政治有倦怠意，不多过问政事，有时甚至不出来垂帘摄政，慈禧太后更加纵恣无度。她一人召见廷臣，有事竟不复禀慈安太后，慈安太后内心多有不平。

3．慈安太后之死

为了骗慈安太后取出密诏，解除慈禧太后心中的隐患，李连英向慈禧献计：建议攻心为上。适逢慈安太后偶感风寒，慈禧太后便殷勤地探望，并亲自为慈安太后煎制上好的人参，使慈安病体康复。

凭着李连英“割肉疗亲”的主意，慈禧太后终于骗得了慈安太后的同情。深受感动的慈安太后将先皇遗诏当着慈禧太后的面焚烧掉，除去了慈禧太后的心病。以后的日子里，慈禧太后对慈安太后甚为恭敬，慈安太后以为是自己的规劝起了作用，孰知慈禧太后已有歹意，并最终对慈安太后下了毒手。

又据说，慈禧欲害慈安的念头始于慈安亲见了慈禧的不轨行为。立载淳为帝，并非慈安之意，后垂帘听政制度建立，慈安则多持斋念佛，长居宫中，朝中实际由慈禧把持，慈禧从此为所欲为。当时都门有位唱戏的武生叫杨月楼，得到慈禧的专宠，随意出入宫禁，每次进宫即很久不出。一日，慈安有事欲告知慈禧，突然前往慈禧居所，适逢慈禧不在，却见杨月楼袒卧于慈禧的床上，慈安惊惧，叫来宫中婢奴，授意此事不得张扬。后慈禧处死杨月楼，慈安虽久惊怒，实际并未追究，慈禧更加疑惧。遣宫婢多次进献慈安食盒，慈安不疑，受而食之，不久即死去。

又说是因李连英起事。李连英因得慈禧太后宠信，仗势胡为。一日慈安太后乘辇车过某殿，李连英与小太监角力，对慈安置若罔闻，慈安怒以杖责之，并到慈禧住处教训了慈禧一顿。慈禧不服，两人闹翻。不几日，即传慈安暴崩一事。

当时民间流传的说法有多种，但多数经不住仔细分析。张尔田指出：

慈安的病况，可详见翁同龢日记，哪里有食盒外进之猜疑？二十年来，排满思想，深入人心，时人不痛诋清代则不快，即使是光绪帝的日讲起居注官恽毓鼎的《崇陵传信录》也断不可信。学者金梁也在《清帝外纪·清后列传》中，对慈安焚烧遗诏和慈禧进献毒盒事，提出质疑："手敕既然焚毁，敕语内容又从何而知？食盒外进，又有谁见到了呢？"

这么说，慈安的死就与慈禧无关了吗？也不尽然。当时的翁同龢、张之洞等人根据种种迹象，也心存疑惑。

翁同龢的日记中留下了诸多疑点。皇帝皇后生病，按清祖制，应先由军机、御前大臣详细了解情况后传御医，然后御医诊断、开药方，药方应交军机、御前大臣传视，以显示慎重。而慈安九日患病，当日并未见医方发下，这是为什么呢？慈安因偶感风寒，却不到一天就骤然崩逝，死后第二天公布的五个药方，均未说明致病原因，这又是为何？死后第三天，似乎为了消除人们的疑虑，所发药方才写上"伤感过甚，诸症骤发"的含混言语，且药方上也没有御医庄守和的名字。凡此种种，不能不让人生疑。

当时，就连张之洞也觉得事情蹊跷，曾致信李鸿藻询问。

慈安太后丧葬事，慈禧太后令减杀礼仪。据翁同龢的日记记载，慈安太后的梓宫是用的楠木，但却是由厚度不过一寸七八分的多块木头拼成，这与慈安太后正宫的地位是不相符的。慈禧太后修园、自我享乐那么舍得花银子，对已作别人世的慈安太后却如此地苛刻，不知居心何在。

在谥号问题上，慈禧太后又一反历代皇后所上谥法的规则，欲以"钦"字居首，以否定慈安太后的正宫地位。后翁同龢等人极力抗争，说"贞者，正也。此乃先帝所命也"，且穆宗同治皇帝尊崇"慈安"二字，天下人对此也熟闻，谥号中必须用"贞""安"二字。最终，在翁同龢等人坚持下，慈安才得谥号"孝贞慈安裕庆和敬仪天祚圣显皇后"。

至慈安太后崩逝，慈禧太后也不放过与她在地位上的争夺，慈禧太后对慈安太后的仇视之心可见一斑。虽没有确凿的证据证明慈安太后就是慈禧太后所杀，但多方面事实反映，慈禧太后难脱干系。

不过，我们说，慈安太后之死是否李连英出的主意，我们就不得而知了。

因为，这些故事毕竟属于民间传说，不能当真。

关于李连英“干预国政”传闻的第二个重大的事件就是借助云南军费报销案这个天赐良机，打击恭亲王奕䜣。历史上的云南报销军费案到底是怎么回事呢？

4．云南军费报销案

故事的背景是慈安太后死后，慈禧太后与恭亲王奕䜣的矛盾日益尖锐。深知老佛爷心理的李连英在暗中为主子寻找扳倒恭亲王的机会。机会终于来了。这个机会就是云南军费报销案。

军费报销向来是报销者和户部司官、书办的贪污门路，报销者可以把并非军费的款项纳入军费中去报销，而把大量款项揣入私囊；户部明知有弊而给予报销，就要私收贿赂，通同作弊。

云南的军费报销，早在 1881 年就已开始舞弊，云南永昌知府潘英章携带巨额公款，来京打点门路。他们先找军机章京、太常寺卿周瑞卿，通过周瑞卿打点署理户部尚书的军机大臣王文韶、景廉行贿关税。户部书办一口要 13 万两的“打点费”，潘英章等人嫌太多，正在讨价还价的当儿，传来了阎敬铭即将进京接任户部尚书的消息。行贿和受贿双方抢在前面，以 8 万两白银的贿款，把云南军费报销了结。那么，这个阎敬铭是何许人也？为什么他来掌管户部以后，行贿和受贿的双方就迅速把云南军费报销了结了呢？

我国历史上为数不多的理财专家、为官清廉耿介、有“救时宰相”之称的阎敬铭出生于 1817 年的陕西，他的家乡在清代属于朝邑县，今属大荔县。

阎敬铭于 1845 年中进士，历任户部主事、湖北按察使、山东巡抚等，1882 年调任户部尚书，1883 年充军机大臣、总理各国事务衙门大臣、协办大学士，1885 年授东阁大学士。1892 年卒后追赠太子少保，谥“文介”。

阎敬铭一生为官多是理财，他是一个出奇俭朴之官员，1877 年山西大饥，清廷屡派官赈济，犹不解饥情，于是调派阎敬铭去视察赈务。到任后，阎敬铭穿一身粗糙的“褡裢布”做的官服，并让属下也都穿这样的粗布，有敢穿绸缎者，罚捐饷济灾。他执法不苟，查拿了大批贪官，晋民交口称快。

1882年清政府提升阎敬铭为户部尚书。上任之后，他同样是马上看账查库，终于掀出了云南军费报销案。

在阎敬铭的辛勤努力下，御史陈启泰首先上折，揭参太常寺卿周瑞卿和户部司官在云南报销案中受贿的事实。紧接着，御史洪良品也把自己所知道的底细一股脑儿揭了出来，要求对景廉、王文韶等贪官即行罢斥。随后李鸿章的女婿张爱玲的祖父张佩纶等人也先后上奏呼吁严行审理云南军费报销案，并严厉制裁王文韶等人。在证据确凿的情况下，阎敬铭又进一步参劾原为户部尚书的景廉和王文韶账目不清、三库混乱。

在阎敬铭等人的敦促下，清政府也加紧了对云南军费报销案的审理，并派户部尚书阎敬铭会同刑部审理此案。很快，案件就有了结果。与案情有牵连的数十名大小官员，都受到了应得的惩处，如太常寺卿周瑞卿革职赔赃，流放3000里；潘英章革职流放；军机大臣景廉、王文韶都受到降级处分，王文韶被逐出了军机处；工部侍郎翁同龢等也都有失察之责或有一定瓜葛，分别受到降级罚薪等处分。就连提拔上述官员的恭亲王奕䜣也受到打击。

5. 对待李连英的两种态度

由上述之事我们可以看出，让恭亲王奕䜣遭到打击的云南军费报销案的处理根本就和李连英没有任何关系。

因此，我们说，野史传闻及一些史学著作中说李连英在宫中数十年“干预国政”的种种罪状，应该说多是捕风捉影、道听途说的消息，而把这些实际上并不确切的消息一股脑儿加在李连英的头上，就很容易地使他像他的主子慈禧太后一样，成为中国近代史上臭名昭著的人物了。

慈禧太后对李连英的宠信与日俱增，必然引起朝野各派势力的关注和议论。一般趋炎附势的卑鄙官员，确实不乏有走李连英门路的，他们千方百计地送礼请托，希冀李连英能在慈禧太后面前美言几句，以达到升官发财之目的。

其实，李连英之所以能聚敛发财，往往是内务府官员替他造声势。

那些掮客式的内务府官员到处游说等待外放的官员，动员他们走总管李连英的门路。李连英是一个非常狡黠的人，送上门来的钱财当然照收不误，可是在慈禧太后面前他是一句话也不会多说的，因为他清楚地知道，在慈禧太后这个刚愎自用、喜怒无常的主子面前，奴才的多嘴饶舌将会得到什么后果，他才不会傻到干这种蠢事呢。实际上这种外放官员，只要钱花到了点子上，已经预备引见了，那么无论走不走李连英的门路，都肯定会得到外缺的。但是通过那些掮客造成的声势，人们就都以为是李连英发挥了多大作用。

作为李连英来说，他只是一心一意地伺候慈禧太后老佛爷，如果有人参奏他交接外官，纳贿干政，慈禧太后绝然不会相信。这可是一举两得的好事，一是保证慈禧太后的恩宠不衰，二是财源滚滚而来，李连英当然是乐得其成了。

正是李连英身边的这批人，有意无意地为其摇旗呐喊，除了自身从中得到了许多好处外，更多的是给李连英在公众心目中的形象多抹了一点丑恶的颜色。当然，李连英由此越来越富裕可是真的。

而另一批自诩为封建正统卫道士的官吏则对李连英的青云直上感到惶恐不安，他们深怕长此发展下去，会重蹈历朝历代太监干政的覆辙，为此他们纷纷上书，希望慈禧太后能礼贤纳谏，摈抑李连英势力的膨胀和发展。

早在同治初年，慈禧太后因宠信小太监安得海就屡遭非议，言官频上奏章，劝谏她亲贤远宦。那个时候的慈禧太后，出于稳定政局、安抚人心的考虑，曾以谦和大度的姿态接受了言官的劝告。

而现在的情况已经完全不同了，能对慈禧太后制约的政治力量已经削弱或不复存在，同时她对控制朝政以及驾驭各派政治势力有绝对的信心和充分的把握，完全没必要再摆出政治家那一套雍容大度，来听取言官们喋喋不休的说教了。因此，我行我素的慈禧太后毫不客气地拒绝了这些所谓"义正辞严"的批评。

这个时候的慈禧太后知道，她是不能完全听信朝廷大臣的主张的，要是那样的话，这不就架空清朝皇室了么？而能够制约朝廷大臣的，就只有自己的亲信耳目了，尤其是自己最为得力的太监李连英。因此，维护李连英的"尊严"就是维护她慈禧太后自己的"尊严"。

因此，以李连英和他的主子慈禧太后为一方，以所谓的正统官吏为另一方，就展开了多次激烈的较量。而引发双方第一次较量的导火线正是李连英一生最为得意的一件事情：1886年随同醇亲王奕譞视察北洋海军。

6. 李连英视察北洋海军

1886年春，北洋大臣李鸿章以北洋海军已编练成军，奏请钦派大臣检阅。慈禧太后当即派总理海军大臣醇亲王奕譞亲往巡阅北洋各海口。

由于奕譞是光绪皇帝的生父，身份崇隆，因此加派太监、御医随行，"以时调护"。奕譞是一个城府极深而且非常谨慎之人，在慈禧太后召见之时，他主动要求派慈禧太后身边的宠监李连英随行，以表明心迹，减少太后对自己的猜忌。此举正中慈禧太后下怀，立即得到她的允准。

于是，奕譞于1886年5月16日（旧历四月十三）行抵天津，会同北洋大臣李鸿章乘兵轮出海，先后巡视了大沽、旅顺口、威海卫、烟台等处，6月2日（旧历五月初一）回京复命并奏报巡阅情况。

太监当钦差大臣视察海军，在大清朝还是第一次，因为祖宗的制度非常严格，太监不许过问政治。李连英非常了解这一点，于是把二品顶戴换成了四品顶戴，因祖宗制度太监最高不得过四品，规规矩矩地随着醇亲王奕譞出发。

根据《宫女谈往录》记载，在海船上，李连英不住在给他预备的仅次于醇亲王奕譞的豪华的舱舍。他说：我怎能跟七王爷、李中堂（李鸿章）比呢？他坚持住在醇亲王奕譞的套间里，不和任何官员接触。白天只是在醇亲王奕𫍽面前站班伺候，拿着醇亲王奕𫍽的长杆烟袋，提着皮子的大烟袋荷包，往侧面一站，低眉敛目，自认为是太后钦派来伺候醇亲王奕𫍽的。晚上，预备好热水，要伺候醇亲王奕𫍽洗脚。说：我平日没机会伺候七王爷，现在请赏脸让我尽点孝心。醇亲王奕𫍽感动得连连地拱手。

按照清朝的制度，由亲王主持这样规模的阅兵大典，同时另派太监随行，在历史上并无先例。据说："李（鸿章）为之设行台，王与连英居处，一切无轩轾。惟阅兵时，王坐于前，连英立于后而已。于是丁汝昌、卫汝贵、卫汝成、叶志超、赵桂林、龚照玙诸人，皆奉厚贽连英门下，称受业。"

一趟差事回来，李连英的名誉不知提高了多少倍！醇亲王奕𫍽和李鸿章争着向太后称赞，老太后更喜滋滋地，显然是给老太后露了脸，争了气，堵住了一般朝臣们的嘴，连说："没白心疼他。"

从上述事情中，我们可以看出，如果我们拿李连英的行为和安得海对比一下的话，他们真是一个天上一个地下，显得安得海是那样地卑下没见识，狗肚子里盛不下二两油，最后被杀身亡；而李连英呢，屎壳郎变知了，飞上天了。

李连英无论在什么时候，从来不脑袋发热，总是冷静地处理事情，这是他最可贵的地方。再说，平常日子，太监犯了错误，他永远是恩威并用，暗中维护，所以太监们都服他，也愿意亲近他。

但是，这似乎风平浪静的一次视察的背后，还是隐藏着浓浓的杀机。不管怎么说，李连英还是违背了大清王朝关于宦官不得干政的祖制。

一个太监，竟然敢随行检阅水师，这还了得？消息传开，舆论一片哗然。两个多月后，监察御史朱一新于9月21日（旧历八月二十四）以山东、山西、河北等省发生水灾需要修治为由，上折弹劾李连英。

李连英会如何应对这场危机呢？

第十五讲 焦点中的李连英

我们在上一讲介绍了李连英一生最为得意的一件事情：1886 年随同醇亲王奕譞视察北洋海军。而正是这件事情，最终引发了李连英与朝廷大臣之间一连串日益紧张的关系。而 1886 年的李连英，也迎来了他一生中的又一次艰难局面。

1. 第一次较量

1886 年，李连英随同醇亲王奕譞视察北洋海军回到北京两个多月之后，监察御史朱一新上折弹劾李连英。根据《清史稿·朱一新传》记载，朱一新说："我朝家法，严驭宦寺。世祖宫中立铁牌，更亿万年，昭为法守。圣母垂帘，安得海假采办出京，立置重典。皇上登极，张得喜等情罪尤重，谪配为奴。是以纲纪肃然，罔敢恣肆。乃今夏巡阅海军之役，太监李连英随至天津，道路哗传，士庶骇谔，意深宫或别有不得已苦衷，匪外廷所能喻。

然宗藩至戚，阅军大典，而令刑余之辈厕乎其间，其将何以诘戎兵崇体制？”

奏折呈上后，慈禧太后当然是极为不满啦。您想啊，慈禧太后派李连英陪同醇亲王奕譞视察海军，明着是陪同，实际上是监视，对不对啊？您看，我们前面讲的，李连英居然非得住在醇亲王奕譞的套间里不可，这不是监视又是什么呢？伺候醇亲王奕譞洗脚？那是人家李连英会做人！人家李连英不愿意把事情捅破而已。这是非常明显的宫廷斗争，是属于“看不见的战线”之类。

人家都知道慈禧太后派李连英陪同醇亲王奕譞的真正目的之所在，可就是有些个像朱一新一样的极少数钻牛角尖的读书人，他就死活看不明白。你看不明白就别不懂装懂啦，不，他还要反面理解，还要弹劾李连英！

你说，慈禧太后能饶得了朱一新这样的极少数钻牛角尖的读书人吗？

果然，慈禧太后在接到朱一新奏折的第二天，就颁了一道长达六百多字的懿旨，亲自为李连英辩解，并斥责朱一新是“危词耸听”和“附会不经”，要求拿出确证和明白回奏说“深宫或别有不得已苦衷”是什么意思。

在慈禧太后的淫威高压下，朱一新在回奏中无法说清楚，实际上也不敢说清楚此事的原委，只好轻描淡写地答复。折上后，慈禧太后益加愤怒，又发懿旨，大骂朱一新“书生迂拘”“才识执谬”，并下令把他降为主事。

事后，许多人都认为慈禧太后是明显地偏袒李连英，对朱一新的打击压抑是不公正的。那么，李连英是否在随行巡阅海军过程中交结外官、干预政事了呢，醇亲王是一口否定，但众人却异口同声咬定此事，唯有晚清诗人王小航力证李连英并无此事，他在《方家园杂咏纪事》中说：

“及王赴烟台阅海军，懿旨赐乘杏黄轿。王不敢乘而心益加惕，力请派李连英偕往。出京后，每见文武各员，皆命连英随见。王意在避本生擅权之嫌也。而连英怵于安得海之祸，布靴布衣，每日手执王之长杆烟筒，皮烟荷包，侍立装烟。退则入王之夹室中，不见一人。时直鲁两省卑鄙官员，欲乘机逢迎大总管者，皆大失所望。王之左右与连英皆一介不取而归，王大赞赏之。”

按王小航的说法，李连英完全是一个谨慎本分的贤良太监了。但这种基本站在太监一边的评价在一个完全被封建正统思想统治的社会中是太少见了。不管怎么说,李连英是度过了一劫。他该高兴了,别人会甘心失败吗?

2. 第二次较量

1887 年 12 月 1 日（旧历十月十七），是李连英 40 岁生日。李连英与慈禧太后相比，年岁上两人相差 13 岁，生日则是晚 7 天。慈禧太后特地传口谕，要为李连英办“四十大寿”，并赐蟒袍一件，白银 2000 两，玉猫一个，并命宫中比李连英官级低的官员、太监及侍女等全部给李磕头祝寿，并特地赏赐御膳：让御膳房预备，多少桌都行。但李连英只请了一桌老太监、同辈好友和几个徒弟，悄悄地过了这个重要的生日。

作为一名太监，享有如此待遇，可谓前无古人，后无来者。此后，李连英的气焰便愈加嚣张，不可一世。李连英也乘机在宫内发展自己的势力，四处安插自己的亲信，以权谋私。结果，过度骄傲的他再度遭到了激烈的抨击。

1888 年，近代有名的史学家、江苏学政王先谦以太监李连英招摇奏请惩戒，他在折中说：“乃有总管太监李连英，秉性奸回，肆无忌惮，其平日秽声劣迹，不敢形诸奏牍。惟思太监等给使宫禁，得以日近天颜，或因奔走微长，偶邀宸顾，度以事理所有。何独该太监夸张恩遇，大肆招摇，致太监篦小李之名,倾动中外,惊骇物听,此即其不安本分之证明。《易》曰“履霜坚冰”，渐也。皇太后、皇上于制治保邦之道，靡不勤求夙夜，遇事防维。今宵小横行，已有端兆，若不严加惩办，无以振纲纪而肃群情。”

王先谦参劾太监李连英，虽然言词激烈，却没有提出任何实证。而慈禧太后碍于朱一新案时曾说过“如仅只李连英一人之事，无论如何诬枉，断不因宫监而加罪言官”，同时迫于朝廷内外的压力，撤帘归政在即，因此顾不上与王先谦过多理论，这倒使他博得一个“直言”的好名声。

这次的弹劾不了了之，李连英也没有受到丝毫伤害。

3. 第三次较量

1894 年，甲午战败，全国舆论大哗。慑于慈禧太后的淫威，无人敢直接批评她本人，于是北洋大臣、直隶总督李鸿章就成了替罪羊和众矢之的。陕西道御史恩溥、福建道御史安维峻、吏科给事中褚成博等人纷纷上折，参奏李鸿章及北洋将领贻误军机、丧权辱国，同时，他们也再次捎带了李连英。

其中许多人都提到这样一个“事实”，就是太监李连英由于受贿而出面包庇了这批无能的北洋将帅，于是人们似乎都相信了太监李连英此时已公然把持朝政这个“事实”。其实，谁都清楚，包庇北洋将帅的并不是做奴才的李连英，而是做主子的慈禧太后，只不过谁也不敢直说罢了。

到了这一年冬，终于有人向慈禧太后挑战了，这个人就是御史安维峻。

根据《清史稿·安维峻传》记载，安维峻指出：人们都说“和议出自皇太后，太监李连英实左右之”，我就不敢相信，因为太后已经归政了，还要牵制政事，就上对不起祖宗下对不起天下臣民了；李连英是什么人？他哪敢干预政事？如果这是真的，祖宗家法岂能容？

安维峻这里说的是十足的反话，说穿了就是直接要求慈禧太后不要再牵制皇帝并严厉处置李鸿章。此折一上，慈禧太后异常震怒，马上以皇帝名义发谕：

“军国要事，仰承懿训遵行，天下共谅。安维峻封奏，托诸传闻，竟有‘皇太后遇事牵制’之语，妄言无忌，恐开离间之端。”

在慈禧太后的干预下，李连英又平平安安地度过了这场危机。

与正统官吏的三次较量，李连英和他的主子慈禧太后都取得了胜利。经过风雨、见过世面的李连英也在茁壮成长。

但是，随着时光的流逝，年轻的光绪皇帝到了亲政的年龄，随之就出现了光绪皇帝与慈禧太后之间“帝党”与“后党”的激烈竞争。很会两面讨好的李连英考虑，光绪皇帝和慈禧太后年龄差得太多了。如果慈禧太后先死了，光绪皇帝执政了，那他的命还要不要？可李连英是个聪明人，他在光绪皇帝和慈禧太后之间要两面讨好。

4．“西狩”途中李连英与光绪皇帝的关系

慈禧太后与光绪皇帝政见不和，是众所周知的。李连英在慈禧太后和光绪皇帝之间采取什么态度呢？

在人们的印象中，李连英是“后党”中人。许多文艺作品也把李连英描绘成慈禧太后欺侮迫害光绪皇帝的帮凶。说他完全站在太后一边，反对变法，构陷帝党，甚至还有人说光绪皇帝就是由李连英下毒毒死的。

但是也有人说，李连英生性圆滑，八面玲珑，两面讨好，不但慈禧太后喜欢他，光绪皇帝因为从小就受到他的看护，也十分喜欢他，叫他“谙达”（满语，老伙伴，也有师傅的意思），还夸他“忠心事主”。

我们的问题在于，李连英与光绪皇帝的关系到底是什么样的？他们的关系到底会在多大程度上影响到李连英与慈禧太后的关系呢？李连英与慈禧太后的关系将会向什么方向发展呢？

晚清诗人王小航的《方家园杂咏纪事》诗为我们揭示了谜底。他的诗中写道：

“炎凉世态不堪论，蔑主惟知太后尊。丙夜垂裳恭待旦，膝前呜咽老黄门。”

诗中讲述的是1900年八国联军侵华战争爆发后，慈禧太后带着光绪皇帝等“西狩”，逃到西安。光绪皇帝出京的时候，因为着急只穿了一件锦袍。天气越来越冷，那锦袍根本不能御寒。1901年，《辛丑条约》签订以后，慈禧太后、光绪皇帝、李连英等在回銮途中，住在了保定。

在保定的直隶官员对慈禧太后招待安排得非常好，她的临时行宫、铺盖、日用饮食各方面都做得很好。

一天晚上，李连英先伺候慈禧太后，把慈禧太后安置好了，慈禧太后睡下了之后，李连英就回到自己的屋子，看到自己屋子也安排布置得很好。

因为地方官知道，得罪了李连英是不得了的。李连英刚回到自己屋，就想起了光绪皇帝。

于是，李连英就到光绪皇帝的屋子去看看。他到光绪皇帝的屋子一看，青灯一盏，光绪皇帝孤坐床上。李连英一看就明白了。

李连英是聪明人，光绪皇帝床上被褥什么都没有，旁边小太监也没有，天气很冷，那光绪怎么睡呀？在这个时候，李连英马上就给光绪跪下了，说奴才该死，这些太监没有在这儿伺候您，没照顾好，都是我的责任。

李连英说完了以后，就回到他自己的屋子，把他的被褥等拿到光绪皇帝那边。李连英还把自己的一件"高丽纳"棉袄，脱下来献给了皇帝。这件所谓"高丽纳"，是朝鲜进贡的，内絮丝绵，外面纳得很密，甚是轻软暖和。

安置好光绪皇帝之后，李连英才回到自己屋子。

光绪皇帝回到北京之后——因为他这时候还是囚帝，所以那些小的太监也不是那么买账——光绪皇帝非常感谢李连英，曾经赐给李连英一个"跟头褡裢"，即系在腰里的一种荷包，白色丝绸的，一面用红线镶着钟馗，一面用墨笔写着：赐给李连英，光绪二十六年庚子。还跟人说，没有李谙达他活不到今天。

说到李连英跟光绪皇帝的关系，还要提到珍妃之死。

在关于清宫的戏剧、电影中，珍妃之死大都与李连英有关。有的说是李连英把珍妃推下井的，有的说是另一个太监崔玉贵推的，而李连英是帮凶。

根据李连英的后代回忆说，珍妃遇害时，李连英根本不在场，所以珍妃之死，与李连英无关。因为，逃跑的前一天，慈禧太后给了李连英一天假，要他回家安顿一下。第二天李连英回来，才听说珍主子被害死了，伤心得跺脚大哭。听说珍妃死前曾大喊："李谙达救命！李谙达救命！"

由此我们可以看出，事实上，李连英跟光绪皇帝的关系还是非常不错的。

不管怎么说，1900 年前后的李连英在感情上逐渐与慈禧太后有了一些生分的感觉，这是真的。正像他的墓志碑文中写的那样，自回銮后，"自思可告之无罪，已萌退志”。这个说法，是意味深长的。

说到这里，我想起了一句话，“天无绝人之路”。李连英与慈禧太后稍微有些不协调的关系，很快就因另外一件事情的发生而改善了。

5. 李连英再度搬家

1900 年八国联军侵华战争中，李连英的家也受到了严重冲击。在李连英匆忙离开北京的时候，他把财宝藏匿于家中一处安全所在，地点只有少数贴身随从知道。哪知其中一人将这件事告诉了法国人，于是这些珍宝被洗劫一空。李连英在酒醋局的房子也被法国侵略者烧毁，李家一大家人几近流离失所。

1901 年，慈禧太后从西安回京后高兴地说 :“终于回家了。”李连英则谨慎地跟着说 :“老佛爷是回家了，奴才可是没家了。”慈禧太后闻听一惊，很快从内务府官房里拨出黄化门和棉花胡同共三个院子一百多间房子赏给了李家。

黄化门是地安门内向南路东的一条胡同，原来叫黄瓦门街。据《日下旧闻考》记载，黄瓦门这个街名得之于大佛寺的碑刻，后来慢慢念成黄化门或黄华门了。1947 年定名为黄化门大街，“文化大革命”时期，黄化门一度被改成“红化门”，后来又改了回来。黄化门自古以来是豪门林立的大胡同，过去主要是专门服务于皇宫的后勤人员的办公和居住集中地。清朝大太监李连英在京的几处豪宅之一 ，就在胡同西口的 19 号。

老北京有三条棉花胡同，一条在交道口，现在叫东棉花胡同 ；另一条在东四，已荡然无存 ；第三条位于西城区东北部，北起罗儿胡同，南至护国寺街。明《京师五城坊巷胡同集》《宛署杂记》作“绵花”胡同。1750 年的京城全图，“绵”讹为“棉”。1965 年时，罗儿胡同、斗鸡坑胡同部分并入。李连英就住在西城的棉花胡同。

说到这条棉花胡同，还和著名的蔡锷将军有关。当年袁世凯秘密监视居住于棉花胡同 66 号的蔡锷，后来在小凤仙的掩护下，蔡锷才得以从棉花胡同脱身回到云南，发兵讨袁。蔡锷故居现被中央气象局作为宿舍，大体完整。

本来李连英与慈禧太后的关系稍微有些紧张，因为这次搬家而大大缓和了。他们之间，恢复了相互间的信任和理解。那个出卖李连英家里财宝藏匿地点的人也由李连英请慈禧太后老佛爷将其斩首。

下面我们继续说李连英与光绪皇帝的关系。

6. 光绪皇帝的死亡之谜

1908 年 11 月 14 日（旧历十月二十一），光绪皇帝去世。关于光绪皇帝的死因，历史上有很多种说法，其中 1910 年英国人布兰德与白克浩斯两人合著的《慈禧外传》和德龄写的《瀛台泣血记》这两本书都说，光绪皇帝是被李连英害死的。

他们的根据，就是李连英一直跟着慈禧太后，说李连英怕慈禧太后死了之后，光绪皇帝执政将会对自己不利。所以，李连英下手让光绪皇帝死在了慈禧之前。

这种说法有道理么？我们首先要看看历史上的相关记载。

根据《清德宗实录》和《光绪朝东华录》以及《清宫档案》的记载，光绪皇帝属于自然病死。实录和《光绪朝东华录》都比较简单，《清宫档案・脉案》讲得比较详细。五月（旧历，以下同）的脉案说光绪身体虚弱，需要长期调理；六月的脉案说光绪病情加重，屡次用药，不见明显效果；七月脉案的记载，从南方请来了一个叫杜钟骏的医生，结论是皇帝的病很难调理，他没把握把皇帝的病治好；九月的脉案说皇帝的脏腑难以调理，病情加重；十月二十日脉案的记载皇上身体发凉，病情严重。

这说明光绪的病是一天天加重，看来光绪皇帝的确是因病正常死亡的。

但问题出在最后几天。1908 年 10 月 25 日（旧历十月初一），光绪皇帝到仪鸾殿给慈禧太后请安。他还能去别的屋请安，说明他的病还不太厉害。第二天，光绪皇帝又给慈禧太后请安。11 月 13 日（旧历十月二十），“上不豫”，光绪病了。

1908 年 11 月 10—12 日这三天发生什么事情了？民国年间，有一个叫屈贵庭的太医在一本名字叫《逸经》的杂志上面发表一篇文章，他说，11 月 10—12 日这三天，他给光绪皇帝看病。11 月 10 日被召到了光绪皇帝的寝宫，光绪皇帝在他的御榻上翻滚，大喊肚子疼。然后，才出现了 11 月 13 日“上不豫”的记载。11 月 14 日光绪皇帝就死了。这样看来，光绪皇帝之死的确是一桩历史疑案。

看来，我们不论是相信光绪皇帝是正常死亡，还是认为光绪皇帝是被害死亡，都是有一定道理的。这个问题一时半会儿难以弄清楚，所以才是谜案嘛。

现在的关键是，如果我们认同光绪皇帝是被害死亡的话，李连英是否杀人凶手呢？如果李连英不是杀人凶手的话，那真正的杀人凶手又是谁呢？

我们不得而知。但是我们还是有一些能够为李连英洗刷罪名的侧面证据的。

7. 李连英与隆裕皇后

我们的侧面证据是用李连英和光绪皇帝的皇后隆裕皇后的关系来证明。比光绪皇帝大 3 岁、出生于 1868 年的光绪皇帝的隆裕皇后叶赫那拉氏，是慈禧太后的亲弟弟都统桂祥的女儿。由于这门亲事是慈禧皇太后懿旨给定的，光绪虽不满意，却也无奈。因为，隆裕皇后叶赫那拉氏与光绪皇帝的婚姻，完全是政治婚姻。慈禧将自己侄女嫁给自己外甥，目的就是在宫闱淑房，探悉皇帝的内情，控制和操纵皇帝，并为尔后母族秉政、太后垂帘听政做铺垫。

光绪皇帝同皇后叶赫那拉氏大婚后，虽然情不投意不合，并不美满，但俗话说得好，一日夫妻百日恩，百日夫妻似海深。

光绪皇帝回京之后，一直被囚于瀛台，直到临终之前也是如此。

听说皇上病重，隆裕皇后很是焦急，想去探望，可是没有慈禧太后的旨意又不敢去。就在她隔水相望、左右为难、来回踱步时，被李连英看到了。李连英上前说："主子怎么不去瞧瞧皇上啊？"隆裕皇后说："没有老佛爷的话，我怎么敢去呀！"李连英说："这都什么时候了，您还拘这个礼儿干嘛呢！"在李连英的鼓励下，隆裕皇后在光绪皇帝临终前，和他见了一面。为此隆裕皇后很感激李连英。

光绪皇帝临终前嘱咐隆裕皇后两件事，一是杀袁世凯，一是善待李连英。这个说法当然无法证实，不过隆裕皇后对李连英确实不错。光绪皇帝死后，宣统皇帝继位，隆裕皇后成为隆裕太后，初次垂帘听政，渴望有人帮助。她曾对李连英说："老总管，你能不能再帮我几年？"说明她的确信任李连英。但李连英深知这份差事不好干，婉言推辞了。李连英的坟地，就是隆裕太后赐给他的。

不管光绪皇帝到底是怎么死的，但要说他是被李连英害死的，现在的证据还远远不足。不过，时间到了这儿，李连英也离死不远了。李连英到底是怎么死的呢？为什么他的坟墓里面只有头颅而没有尸身呢？

第十六讲 李连英的死亡谜案

前面，我们曾经给朋友们介绍了风烛残年的李连英的生命已经快走到头了。关于李连英的死，还真是一个非常难以破解的谜案。有的节目说，李连英的坟墓里面只有头颅而没有尸身，而且确认没有被盗过的痕迹；也有的节目说，李连英的坟墓里面不但有头颅而且也有尸身，还有被盗过的痕迹。这都是怎么回事呢？

不过，要说到李连英的死，我们还要从慈禧太后的死开始说起。

1. 慈禧太后去世

光绪皇帝去世的第二天，也就是 1908 年的 11 月 15 日（旧历十月二十二），73 岁的慈禧太后也终于死去了。

1908 年 11 月，慈禧太后出殡之时，李连英步行送葬，其情其景令人心生怜悯。年迈苍苍、体弱多病的他步履蹒跚，在所有送葬的人群中，只有他表现出发自内心的悲恸之情。看着这位创造秘史的人物,人们不禁疑惑：当最后一次陪伴女主人同时也是这么多年的亲密同伴时，李连英那颗诡谲的脑袋做何感想呢？慈禧太后当政近五十年来，李连英对她一直忠贞不二，在这样一个时局动乱时期，能坚守忠诚的奴才又有几个呢？年轻时候，凡太后出行，李连英必在轿前服侍。这么多年来，两人共同经历了多少辉煌与落魄啊！而如今却孤孤单单留下他一个人,置身于纷繁的变故之中。然而，尽管李连英年事已高，影响渐弱，但他却精神如旧。

2. 李连英离宫

李连英给慈禧太后守了100天的孝之后，于1909年2月21日（旧历二月初二）离开了皇宫，这时他在皇宫内已生活了50多年。临行前，他向隆裕太后磕头告退说："我前后伺候太后52年，太后的恩典，我这辈子报不了，只有下辈子再报答了。我离开宫以后，要给老太后守孝3年，稍尽奴才的一点孝心。"就这样，他悄悄地离开了皇宫。

他还把太后历年所赏的珍宝,积攒了七大捧盒,全部献给了隆裕太后。他还说："这是皇家东西，不应该流入到民间，奴才我小心谨慎地替皇家保存了几十年，现在年老体衰，乞求离开宫廷，所有这些宝物，奉还给主子。"

在他的墓志碑文中是这样说的："及太上孝钦显皇后升遐，公之退志决矣。"由此可见，李连英是主动提出离宫的。据清宫档案记载，当时内宫主政的隆裕太后，为感谢他宫中服役多年，准其"原品休致"。就是可以带原薪60两钱粮米退休，这个待遇在当时可以说是绝无仅有的。

从此以后，李连英再不出头露面，再不和社会上的人交往。他的家名义上是在海淀黄庄彩和坊。这是很好的一处宅院，有假山有花园，据说是庆亲王奕劻和内务府大臣杨立山奉赠的。

我们为什么说他不会住在彩和坊这儿呢？因为那时这儿的治安较乱，由路劫到明火执仗的绑票，由远郊到近郊，李连英虽然有保镖十多人，但也决不敢在郊区住。

李连英晚年到底居住在哪里呢？谁也不知道。有人说他在白云观住，因为慈禧太后的母亲晚年好道，就住在白云观里，传说李连英就住在老太后娘家妈住过的小院里。这也不可能，因为树大招风，李连英家财万贯，谁不想绑他的票？也有人说他隐居在宣南的南花园那儿，估计他不可能住在外城。谁也说不准。

我们虽不知道李连英居住在哪里，但我们还是知道他的家人居住在哪里的。

3. 李连英结过婚么？

很多人都说，李连英可能跟安得海一样，是结过婚的。

这可不只一人一书中说过。有本书叫《幽灵缥缈录》，是专门揭露和批判慈禧太后和李连英的。这本书中，就渲染李连英结婚的情节。说有一天光绪皇帝到景山上散心，忽听北长街传来一片鼓乐之声。一问，方知是李连英在娶第三房姨太太，派小太监一打探，满朝文武都给李连英送了贺礼。而在影片《李连英》里，也有这么个情节，新婚之夜，李连英一边哭号，一边骂着打着新娘，还往她脸上吐唾沫。李连英到底结过婚没有呢？

按说封建时代的宦官，都是皇帝的家奴。为了保证皇帝后宫佳丽的贞节，故而宦官在进宫之前都被残忍地割掉了性器官。因此，这些人是没有性能力的。但是宦官娶妻纳妾，确是实有其事。有的太监，是为了摆谱儿，这类太监都是地位较高、有钱有势的。如隆裕太后身边的小德张。也有的太监，是为了晚年生活有个人照顾，纯粹是为找个伴儿，清朝末年到民国初年这种事不少。不论从哪方面说，李连英娶老婆都是有可能的。

但是李连英到底结过婚没有呢？李连英的两个孙子都说李连英没有结过婚。

他们的理由是绝对充足的。第一，李连英信奉道教，拜了白云观的观主为师，道名灵杰，号乐园道人。听他身边的小太监说，他一有空就念《太上感应篇》。第二，他一直在慈禧太后身边当差，慈禧太后死后，他为慈禧太后守孝三年，守孝期间当然是不能结婚的，否则还叫什么守孝？第三，守孝三年期满，他也就死了，就是想娶老婆，也没得工夫。

那么，说李连英不仅结过婚而且娶了三房姨太太，这又是哪部史书里记载的呢？原来最早是民国时期的小报上记载的。小报为迎合读者的低级趣味，什么荒唐故事不敢编？小报所载，岂能当做信史！

虽然李连英可能没有结过婚，可他的儿子却很多。这么多的儿子是哪儿来的呢？

4. 李连英的四个儿子

李连英自幼净身入宫，自然没有儿子。前面说的，他兄弟五个。李连英发迹之后，四个兄弟便将儿子每人一个过继给他，除了老三李宝泰过继的是老三以外，另外哥儿仨过继的都是老二。为什么这么过继呢？

道理很简单：各房都过继一个，为的是将来分割财产时避免发生纠纷；过继老二,为的是各房不绝长门。李连英的子侄辈,名字中间都是“福”字。老大李国泰过继给他的叫李福康，老三李宝泰过继给他的叫李福荫，老四李升泰过继给他的叫李福庆，老五李世泰过继给他的叫李福德。于是李连英共有四个过继儿子。

李连英有这么多的儿子，还有那么多的财产，怎么分配呢？

早在 1898 年以前，他就把自己的财产分成 7 股：把地亩按弟兄 5 股均分，大约 370 多顷地；把钱财按 7 股分，两个妹妹同样有份，数目不清楚。风言风语地听说，两个妹妹每人 17 万两，另外首饰珠宝每人分了大约 7 捧盒。这样做当然使他的老母亲很高兴。他对侄子们说，财大祸也大，让他们时时警惕着。1906 年冬，李连英的母亲去世。慈禧太后知道李连英是孝子，特意给他放了 40 天丧假，让他扶灵回老家大城。

5. 李连英最信任的儿子李福荫

在四个过继儿子中，李连英生前最信任的就是李福荫。前面说了，兄弟四人，每人过继的都是老二，唯独李福荫是老三。据说李福荫一出生，就得到李连英的喜欢，他对老三李宝泰说：这个孩子我要了。脾气倔强的李宝泰不乐意了："为什么别的房都过继老二，偏偏到我这儿你要老三呢？"一个不愿意给，一个偏得要，兄弟两人吵了起来，还动了手，李宝泰打了二哥李连英一茶碗。为这个兄弟二人生分了好几年，后来李宝泰在东棉花胡同住，因为没有进项，生活过得挺紧巴，糊窗户都用的是中药铺里包药的纸。然而他再倔，也拧不过李连英呀，最终，李福荫成了李连英的过继儿子。

李福荫学过法文，写一笔好字，辛亥前在载涛的军咨府里当录事，辛亥以后再没做什么事。在李连英的四个过继儿子里，数李福荫年纪最小，也数他最憨厚，不会耍心眼儿。庚子以后，每年三月三白云观庙会和四月初八浴佛节，李连英都要派人替他去白云观放堂和去潭柘寺斋僧。每处5000两银子，每个和尚、道士还要给两个馒头一碗粥，外带四吊铜钱。这差使每回都是李福荫去，让别人去李连英不放心，怕他们中饱私囊。

李连英的不放心并非没有依据。李连英的十几个子侄里，有好几个不学好的，吃、喝、嫖、赌、抽五毒俱全。尤其是李福康，因为他上边的哥哥是个疯子死得早，李福康承继了亲父李国泰和继父李连英两份遗产，由于生活腐化，家产挥霍一空，晚年穷得连被褥都没有，铺报纸，盖报纸。

6. 李连英的儿子李福德和"三乐班"

李连英的另一个过继儿子李福德酷爱京戏，出钱办了"三乐班"。京剧名角儿尚小云、荀慧生、李多奎、赵桐珊（艺名芙蓉草）都是"三乐班"培养出来的。尚小云还拜李福德为义父。李福德去世，其子李祥凤去给尚小云报丧，尚小云当即拿出了两千元份金。不料，好面子的李祥凤拒绝接受，认为尚小云瞧不起他，说他们家穷得办不起丧事才拿出这么多钱来。

实际上，他们家那会儿也确实败落了。尚小云没办法，拿出的钱不能再收回去，就买了两千元的纸钱，在李福德的棺前烧了。

这位李福德还对佛学颇有研究，在北京的佛教界相当有名，提起“一清居士”没有不知道的。有一次他在广济寺和水芝上人现明和尚聊天。现明和尚是当时的高僧，取出一张唱片放在留声机上，让李福德听。唱片上录的不是歌曲、音乐，而是诵经的声音。

李福德听罢微微一笑，说：“经念到这个分儿上，应当说是很不错了。但这经不是和尚念的，而是居士念的。”现明和尚听了，非常佩服，赞叹不已。这位既玩京戏又钻佛学的李福德，玩到如此深，钻到如此精，需要付出多少开销？这两样都是无底洞，多少银子也填不满。坐吃山空最后家境败落，就是必然的了。

7. 李连英的儿子李福庆

李连英的另外一个儿子李福庆念过书，也参加过科举考试，终因文思太慢，没有考取到功名（李大总管太监的儿子考不上，说明清末的科举考场内，还不太腐败），便弃文习武，在护军营（皇上的警卫团）当了兵，在御前当差。

1900 年，李福庆跟着慈禧太后和光绪皇帝去了西安，最后官至花翎副将。因为在太后、皇上跟前，李福庆对清朝上层统治者的腐败也看得更清楚。从西安回到北京后，李福庆的情绪便十分消沉，他常常感叹说：“大清国不亡没有天理！”意思是说，大清国早该灭亡了。为什么？因为它太腐败。当初，慈禧太后从神武门逃跑时，是何等狼狈：换上汉装，穿上老百姓的衣裳，连她养护多年的长指甲都剪掉了。真是惶惶然如丧家之犬！八国联军打进北京，老百姓生灵涂炭，不是你慈禧太后闹的么！可是从西安回銮时，一切老毛病又都抖落出来了，原来什么样还是什么样！在途中，李福庆亲见了这样一幕：回銮车队浩浩荡荡，马车有几百辆。不用说，车上载的，全是各地官员孝敬给太后的(其中也免不了有李连英的)金银财宝。行进中，忽听前面车喊："不好了，轧着人了！"可是车却没停，因为也停不住，几百辆车就从那个不幸的人身上轧了过去！从这件事上，李福庆算是把大清国看透了。

李福庆没瞧错。从庚子到辛亥，十来年的工夫，大清国完了。辛亥以后，李福庆养鸟种花打发时光。护国寺几家花店，都跟他有生意往来。张伯驹的似园，就是从李福庆手里买的。

8. 李连英的妹妹和侄女

前面，我们曾经讲过，李连英的小妹妹曾经进宫伺候过慈禧太后。事实上，李连英的妹妹和侄女都进过宫，是去伺候太后的。

李连英有两个妹妹，大妹妹嫁给了西郊杨氏，小妹妹从宫里出来后嫁给了做官的白宝山。

李连英进宫的侄女叫李淑芳，是李宝泰的大女儿，李福荫的亲姐姐。电影里让她管李连英叫二叔是不对的，应该叫二大爷。电影里的李连英和他侄女都有口音，山东不山东、河北不河北的。其实从李连英这一辈他们就是北京生、北京长，一口京腔。《宫女谈往录》里形容这位李大姑娘："穿着上下两截的衣裳，上边是织锦镶边的花袄，下边是藕荷色的裤子，系一条淡青百褶裙……覆盖着一双小脚。人很腼腆……模样也并不多美。"在宫女的口气里，这位李大姑娘仍是以奴才的身份出现在太后身边的，游颐和园，她颠着一双小脚跟在太后的轿子后边，很是狼狈。宫女们都不大瞧得起她。

李淑芳在宫里就是干活儿，给太后绣花儿。太后身上穿的好多绣活儿都是出自李淑芳之手。因为在宫里干活，手不能出汗，一出汗会弄脏了绣的活儿，绣一会儿，就得把手放进冷水里泡一会儿，泡冷了再接着绣。日久天长，手指都变形了。据说慈禧很喜欢李淑芳，亲自教他宫里的礼仪，出宫时，赏给了她3万两银子。这3万两银子做什么了呢？李连英用这笔钱，送他两个侄子李福海、李福恒出国留学了，一个学外交，一个学经济。李福海后来担任过外交参赞。由此可以看出，李连英也是个很有眼光、很有见识的人。李淑芳也因此成了李家的有功之臣，在家中地位比李连英还高，说一不二。她一生未嫁，老死家中，活了 80 多岁。

9. 李连英之死

李连英是怎么死的，我们结合他的墓志记载和他的后代的回忆推断，应该是在 1911 年 3 月 4 日（旧历二月初四）死于痢疾。享年 63 岁。而此时绵延了近三百年的大清帝国，也已经风雨飘摇，危在旦夕了。

清宫里隆裕太后对这个一辈子为其当牛做马的忠顺奴才的死，还是十分伤悼，于是下令赐银千两，赏埋京西恩济庄太监茔地。

李连英死后的丧葬规格在清宫太监中是最高的。他的坟墓占地 20 亩，被允准建在海淀恩济庄太监茔地中一个独立的院落里，前面有石柱桥及牌坊，四柱三楼的牌坊上刻 :“钦赐李大总管之墓”，“阆苑风清，仙台缥缈”；墓室第二道门的门框上左右联曰 :“秉性惟真承眷厚，居身克谨得心安。”可谓是对其一生的概括评价。

院内东西侧各有亭子一座。由于是太监，不敢僭制，其墓顶用三合土（即糯米浆合沙土、黄土、白灰而成）建筑。他的墓碑是用汉白玉制成，高 3.5 米，宽一米许，其规格为历朝太监无法比拟。

本来故事到此就应该告一段落了。可 1966 年的“文化大革命”改变了一切。

10. 发掘李连英墓地

1966 年 7 月末，横扫一切的政治风潮在中国狂飙突进的时候，在北京市海淀区恩济庄 46 号院，曾经的北京市“六一”学校的旧址，却有五六个教师，正在奉命挖掘大太监李连英的陵墓。

连续多日的挖掘终于取得了成果。他们找到了墓道，打开了已经沉睡半个世纪的李连英的棺木。

棺木里平平整整躺着一个人形，有头，有胳膊，有脚，盖着被子。在清理棺材的时候，一位名叫赵广智的老师想直接搬动尸骨，可他万万没有想到自己双手最后触摸到的是一个皮包骨的头颅。紧接着，他摸到了一层厚厚的衣服，取出一看，是一件长袍，这件长袍竟然没有腐烂，依旧能够完整地抖开，接着下去，摸到的是又黏又湿的细末。而到了尸体的腰身部位时，赵老师摸到了一件硬物，拿出一看，原来是一串佛珠。随即，他又发现了一些随葬的金银珠宝。

但赵广智一直没有摸到骨头，他猜测，或许棺材里根本没有尸骨，但头骨的出现却让他意识到，这并不是一座空坟，而是一座只有头骨的坟墓！尸骨不会腐烂得仅剩下头骨，而尸体也绝不可能遭受过破坏，因为无论是整齐有序的墓室、完好无损的棺木，还是50多件价值连城的随葬品，都说明在此之前，墓室从未曾有人来过。

在那个惊心动魄的夜晚之后，坟墓的清理工作又持续了几天，而那颗头骨则被随意弃置在外，甚至被学生当足球踢来踢去，最后竟被扔进了厕所。有一天晚上，赵广智借着上厕所，拿粪勺把那头骨捞出来，洗了洗，然后把它扔在靠墙的一个窟窿里，培了好些土。头骨被重新掩埋，下落从此无人知晓。

为什么李连英的坟墓里面没有他的尸身呢？这就出现了下面完全不同的几种观点：

第一种观点，李连英不是善终的——他是被杀的。

说到“李连英不是善终的”这种观点，似乎有一些很有力的证据。

在李连英的墓志中，不是很明确地说明李连英“病死于”或“病故于”，而是用了一个“殒”字。从词典里来看，“殒”就是亡、死的意思，但没有病死的含义。因此，这是一个很重要的疑点。

当然，也有人对这个疑点进行了反驳。与李连英同籍的河北大城人李玉川在《北京记事》上发表文章指出，根据李连英的侄孙李祥昊的说法，李连英得的是烟后痢，烟后痢跟普通痢疾不一样，普通痢疾是夏天、秋天得，烟后痢是抽大烟抽到一定程度就得。因此，抽大烟得烟后痢也不完全属于正常死亡，可以用“殒”字。

此后，1990 年的《纵横》杂志刊登了一篇名为《李连英身首异处之谜》的文章，作者为北京文史研究馆研究员颜仪民。颜仪民详细描述了李连英被杀的细节。

李连英在出宫之后，一直住在护国寺棉花胡同的一所自家宅院内，几乎闭门不出，过着与世隔绝的生活。有一天，李连英突然接到了一张请帖，发帖之人是清末第一号实权人物袁世凯的红人、九门提督江朝宗。江朝宗在请帖中说，要请李连英在什刹海会贤堂吃饭。面对这张非同一般的请帖，李连英犹豫不定，他揣测着这场饭局的真实意图，也掂量着发帖人的分量，权衡半天，李连英最后决定准时赴宴，不过，他万万没有料到此行的结局。在散席回家的路上，李连英遭遇了暗算。事后，其家人在后海找到了李连英的头颅，身躯却不知下落。在文章中，作者颜仪民虽然没有明确指出究竟是什么人杀死了李连英，但字里行间提到的两个人难逃干系：一位是那天晚上的请客人——江朝宗，另外一位则是太监小德张。小德张，清末又一位名噪一时的大太监，因为得到隆裕皇太后的宠爱，成为继李连英之后的二品太监总管。

不过如果说江朝宗或者太监小德张杀掉李连英的话，也是疑点很多。他们为什么要杀掉李连英呢？小德张比李连英小很多，他们两个人之间根本没有利害冲突；另外，如果说小德张杀了李连英的话，那就是说小德张完全不懂得河间籍太监的规矩，而不懂得河间籍太监规矩的人能够跟皇宫里面混得这么红火？简直是天下奇谈！而如果说江朝宗杀掉李连英就更说不过去了——毫无来由，既不是仇杀，也不是情杀，更不是财杀。

除此之外，还有谁非得要杀掉李连英不可呢？

第一，清朝政府不会杀他，因为他没有得罪清廷中的任何人，何况他死之后，坟是隆裕太后赐的，还赏给他家上千两银子治丧呢。

第二，革命党不会杀他，因为没有任何意义，他的生死无关政局。

第三，虽说他生前可能有政敌，但此时他已退身在家，跟任何人都没有利害关系。

第四，土匪绑票？又不像，绑票一般是为钱，钱不到手才杀人，不会杀人后要钱。

第五，如果说是复仇而杀人吧，按照一般人报仇的做法，应该是要首而不要身的，把脑袋割掉拿走，留下无首之身。为何脑袋还在而身体却找不到了呢？李连英死后，他的家属岂能让他有头无身下葬？

第二种观点，李连英病死之后墓地被盗。

从李家后代的观点分析，有一个问题让人不理解，就是痢疾发病的时间一般为夏季，而李连英的死亡时间不是在发病期。李连英后人和家乡的父老认为李连英抽大烟，死于烟后痢，烟后痢的发病时间就不那么规律了。

与赵广智一同参与发掘的苏天钧认为，李连英的尸体已经腐烂，并不是没有身躯和下肢。不过身躯和骨骼不完整，可能是盗墓者移动尸体造成的。

作为一个太监，李连英皇室奴仆身份和千百个同行一样，是无法更改的。他们一样有着苦难、屈辱的童年，有着残缺的身体和残缺的生活，一样享受不到家庭和亲情的温暖。所不同的是，由于得到了慈禧太后的赏识和宠信，李连英的后半生发生了奇迹般的变化，正是在慈禧太后的庇荫下，他得到了宫内前所未有的权力和地位，财富也滚滚而来，这就是太监李连英传奇的宠辱一生。

李连英生平扫描

约 1403 年—1424 年间（大明永乐年间） 李家祖先从山东青州府齐河县（今山东省德州市齐河县）搬迁至直隶河间府大城县（今河北省廊坊市节大城县）。

1840 年—1842 年 鸦片战争。

1848 年 11 月 12 日（旧历十月十七日） 李英泰出生。

1853 年前后 李家搬迁到北京，在西直门外堂子胡同开设“永德堂李皮作坊”，居住在在今海淀区青龙桥地区颐和园北面的大有庄。

1854 年前后 经沈兰玉安排，李英泰“去势”后，进郑亲王端华府邸，改名为李进喜。

1856 年—1860 年 第二次鸦片战争。

1857 年 经沈兰玉安排，李进喜正式入宫，拜刘多生为师傅，拜安得海为师哥，在奏事处当差。

1860 年 5 月 李进喜调到东路东六宫之景仁宫当差，伺候婉贵妃

1860 年 9 月 23 日　李进喜随咸丰皇帝启程逃往热河“秋狝木兰”。

1861 年 8 月 22 日　清晨咸丰帝病逝于承德避暑山庄烟波致爽殿。

1861 年 8 月底　李进喜奉两宫皇太后之命,回北京给恭亲王奕䜣“报丧”。

1861 年 9 月 5 日　恭亲王奕䜣赶到承德避暑山庄叩谒咸丰皇帝梓宫。

1861 年 9 月 11 日　恭亲王奕䜣赶回北京，布置政变事宜。

1861 年 10 月 26 日　咸丰皇帝灵柩开始离开承德回京。

1861 年 10 月 31 日　两宫皇太后和小皇帝一行到达京郊，召见恭亲王奕䜣，为政变做最后准备。

1861 年 11 月 1 日　两宫皇太后的銮驾回到大内皇宫。

1861 年 11 月 2 日　辛酉政变开始。

1861 年 11 月 8 日　辛酉政变结束。

1862 年前后　李进喜受赏，搬家至酒醋局胡同（今钟楼北国旺胡同）。

1864 年 5 月 25 日　李进喜正式调入长春宫，伺候慈禧太后，改名为李连英。

1869 年　李连英的师哥安得海被山东巡抚丁宝桢秘密捕杀于山东济南，李连英因“滑懒不当差”被革去八品顶戴及钱粮。

1870 年初　李连英被解除处分，并恢复八品顶戴及钱粮。

1872 年秋　李连英被赏戴六品顶戴花翎，食“月薪”银八两五钱。

1874 年春　李连英被任命为储秀宫掌案首领大太监。

1874 年秋　李连英被赏戴四品顶戴花翎。

1874 年冬　李连英被加赏貂皮马褂。

1880 年初　李连英被任命为储秀宫四品花翎总管，赏食月薪 20 两。

1880 年冬　李连英因做错差务被摘去四品顶戴，并被罚月银六个月；一个月后慈禧太后赏还李连英的四品顶戴，但月银照旧扣罚。

1881 年冬　李连英被赏加三品顶戴花翎，赏月薪 28 两

1883 年夏　李连英因犯有失查过错而被罚月银一年。

1884 年冬　李连英被赏食月薪 38 两。

1886 年初　李连英又因失查本处首领误班而被罚月银六个月。

1886年5月16日—6月2日　李连英陪同总理海军大臣、醇亲王奕谖巡视北洋海军。

1890年夏　李连英再奉旨加添银10两，共食月薪银48两。

1894年春　李连英被赏加二品顶戴花翎。

1900年　八国联军侵华，李连英随慈禧太后、光绪皇帝逃往西安，李连英在酒醋局胡同的房子被法国侵略者烧毁。

1901年　李连英随慈禧太后、光绪皇帝回北京，慈禧太后从内务府官房里拨出黄化门和棉花胡同共三个院子一百多间房子赏给李连英。

1906年冬　李连英的母亲去世，慈禧太后给李连英放丧假40天。

1908年11月14日　光绪皇帝去世。

1908年11月15日　慈禧太后去世。

1909年2月21日　李连英出宫，正式离开紫禁城。

1911年3月4日　63岁的李连英死于痢疾，隆裕太后赏埋京西恩济庄太监茔地。

1966年7月末　李连英陵墓被挖掘 。